閑事雅韻

▲“三娱斋”题字

苏士澍（第七届中国书法家协会主席）

▲“坐观众妙”篆刻

孙慰祖（西泠印社副社长）

▲“坐观众妙”题字

龙开胜（中国书法家协会理事）

▲“心心相印”题字

李立（湖南省著名金石书法家）

▲“三娱斋”题字

王超尘（湖南省著名书法家）

▲“三娱斋”篆刻

王集（湖南省著名篆刻家）

# 闲事雅韵

——古代书房用器清赏

莫曲波 著

湖南师范大学出版社
·长沙·

▲雅品图

李儒光（湖南师范大学艺术学院教授）

# 风雅文房

## ——中国古代文人的闲情逸致

（代序）

古人云："心无驰猎之劳，身无牵臂之役，避俗逃名，顺时安处，世称曰闲。"文人雅士"闲"之雅趣，在于"问君何能尔，心远地自偏"的养性怡神的悦己时光。古韵中的闲许是五柳先生的"结庐在人境，而无车马喧"的悠悠菊香；又或是东坡先生"小舟从此逝，江海寄余生"的一樽美酒；抑或是摩诘居士"独坐幽篁里，弹琴复长啸"的松月相知。一个"闲"字，从五千年悠悠时光走来，映照着曾经与青莲居士共饮的月光，在国人的生命中，写下一段青梅酒般的如烟往事。

宋人赵希鹄在《洞天清禄集》里写道："人生一世间，如白驹过隙，而风雨忧愁，辄居三分之二，其间得闲者才一分耳。"闲，或许正是这峥嵘世间我们所缺少的一丝对于生命的尊重探询。

有人对于命运的诠释是"为天地立心，为生民立命，为往圣继绝学，为万世开太平"的桑弧蓬矢；而有人却更爱"非汤武而薄周孔，越名教而任自然"的随心所欲。生命是一座恢弘华丽的城堡，在物欲横流的今天，我们或许更需要的是偷得浮生半日闲，细细品味人生细微处酿就的一杯粗茶。

古人的闲情逸致，更多偏向闲雅而相对稀薄于世俗，也可谓之"无益之事"，涉及的方面实在太多，如游山玩水、家居情趣、书斋文玩、金石书画、梨园曲艺，从出游、屋舍、陈设、收藏、戏墨、倚声、品茶、饮酒乃至种花、养鸟、戏鱼、听鹤、玩虫无所不包。明人沈春泽说："夫标榜林壑，品题酒茗，收藏位置图史、杯铛之属，于世为闲事，于身为长物。"庄子在《人间世》篇中也曾写到"无用之用"，这与人们所探求的闲之雅趣不谋而合。而这些"无益之事"和"长物"，不少与中国传统文人的书房用具有关。尤其明中叶以后，大部分文人为精神生活找出路，在寄情田园之暇，把生命不可承受之轻具象化，将文房用具涂抹上艺术的色彩。文房四宝不再是冷冰冰的器物，喑哑无声的笔墨纸砚上承托着无数文人墨客未曾抒发的情感，人们的收藏、把玩和涵咏，赋予了它们灵魂与故事。

文玩是古代文人精神生活的载体和灵魂的延伸，他们讲究情趣与环境，而书斋则是最适宜的场所。中国文人的书斋，突出的特点是以金石古玩为点缀，烘托出安宁幽静的气氛，反映出古代文人所追求的与世无争、悠闲安逸的生活状态，即所谓“宁为宇宙闲吟客，怕作乾坤窃禄人”。或许是一个人在庭院深深处独饮，一壶老酒，长醉时睡去，醒来时，空余丝丝乱红飞过，如叶梦得写“我亦多情，无奈酒阑时”。又或是李清照与赵明诚的缱绻时光，徒留“赌书消得泼茶香”。这样的文房用品，留下的不仅仅是千年的淡淡墨香，更有一个个活生生的故事所带来的浅浅温度。文房用品折射出不同时代文人的精神风貌，多侧面地反映了各个时期的民俗风情和文化艺术。它们仿佛低声诉说着一段旧时光，告诉今日的我们，一个人，若放不开自己的心，即使富有四海，也是徒然困居；若放下，即使身无长物，也有着“挥手自兹去，萧萧班马鸣”的豁达。文房为物虽小，营造的意境阔大，堪称雅玩。佛经中曾说，须弥藏芥子，芥子纳须弥。沉默器物的内敛中蕴含了种种的奇妙，或寄情松月，或相伴琴书，积淀了五千年中国人独有的聪颖和灵性，将人们带到了物象之外的非凡世界。能有此物相伴，情可隽永，意可深远，可谓上承千年风雅的香火，下启一湾清流之韵致。细雨未必看不见，闲花必定听有声。

“文物”与“文玩”，虽一字之差，却有着区别。“文物”往往指具有较高历史价值的珍贵物品，被国家有关部门保存，这叫“物有所归，物有所管”。而称为“文玩”的，强调的是“玩味”二字。人们通过对无数文化遗产的收集、整理、品赏、把玩，来审视中国的传统文化艺术，并从中丰富知识，陶冶情操，成就一种雅俗共赏的情怀。我们不再惋惜“知音少，弦断有谁听”，而是将这样的情怀融于生活，真正是兴来摩石，醉了填词，画也深情，字也深情，诗也清灵，梦也温馨。

文房用具是旧时文人不可或缺之物，代表着一种生活品位。不同于一般古董，文房用具有着很强的实用性，置于案头，随时可派用场。一百多年前，这些东西多未列入古董之类，只是作为实用器物，时至今日，文玩渐渐成为世人追逐的旧日清香。人苦于癖，累于癖，然又乐于癖，欣于癖。有所思，有所求，有所寄，乃人生一乐。“人无癖不可交，以其无深情也”，是也。特别值得一说的是，自明清以来，文人自己设计或制作陶瓷、玉器、漆器、家具、竹木牙雕、文房用品等各种工艺品，也成为一种时尚。他们赋予了自己心爱之物更多的文化元素和丰富的精神内涵。

笔、墨、纸、砚是文房必备之物。除此“四宝”之外，还有许多辅助工具和与书房生活密切相关的用品和陈设，这些统称为文房清玩或文房清供。林林总总的文房四宝与文房清玩构成了文人笔墨丹青之必要，也营造出独具品位的文人生活和高洁雅逸的书斋情趣。明代文论家屠隆列出了除文房四宝以外的四十三种文房用具，其中一直沿用至今的，有与笔相关的笔格、笔筒、笔洗、笔床、笔盒、笔舰等；与墨有关的，如墨盒、墨床、墨搁等；与纸有关的，如镇纸、压尺、裁刀；与砚有关的，如水注、水丞、水洗等；此外还有印章、印泥、印盒等，真是不胜枚举。我国文房用具用途之广、器物之繁，远胜其他国家。从质地上说，有金石陶瓷、竹木牙角之分；从制作上看，或烧，或铸，或书，或画，或镂，或刻，无不精美异常，反映出淡泊清远的文人气质，表现了古代匠师绝妙的工艺水准。文房用具的外形和用途随着时间的推进而演变，但无论时光如何冲刷，这些用品从造型、纹饰到式样、题铭，都体现了中国古代文人士大夫独特的文化素养、审美意识和思想情操。这些文房雅器与中国文人共同创造出深远、悠长的书斋文化，文人世界的古物遗珍是他们在若干年前的一场清梦，寄托着那时的月光和欲说还休的迷惘。

作为历史的载体，人们收藏这样的古物，也是探求历史、追寻文化、传承中华文明。文化带来的愉悦或许是最贴近人们本心的，世间欢歌急锣，不过是一场镜花水月。人生万事消磨尽，唯有清香似旧时。愿所有寻找闲与雅之人，都能体会到“桃花流水窅然去，别有天地非人间”的豁达与闲适。

# 目录

## 书房雅物



## 案堂雅器



## 掌中雅玩

# 书房雅物

# 从『文具』到文玩

## ——漫谈文房清供

文房用具，是文人书房中那些表达文人高雅气息与悠然志趣的物品。古代文人书斋，除了笔、墨、纸、砚文房四宝外，还有各种赏玩和实用器具。在宋人赵希鹄的《洞天清禄集》中，文房清供仅列古琴、怪石、青铜器数种。元代《文房图赞续》中记有文房常用器18种。明代大文人文徵明曾孙文震亨在《长物志》一书中列出了“文房四宝”外的众多文房用具，其中有水丞、水注、笔格、笔床、笔屏、笔筒、笔船、笔洗、笔掭、糊斗、蜡斗、镇纸、压尺、臂搁、贝光、裁刀、剪刀、书灯、印案、香炉、袖炉、手炉、香筒、如意、钟磬、数珠、扇坠、镜、钩、钵、琴、灵璧石、昆山石、太湖石、粉本、宋刻丝、画匣、书桌、屏、架、几、沉香、茶炉、茶盏等，称为“文房清供”。它们伴随着笔墨纸砚的发展而繁衍昌盛，并形成各自发展体系，成为书斋重要的陈设器具。这些器具造型各异，雕琢精细，制作小巧精致，可用，可玩，可赏，常陈设于书斋，让人爱不释手、怜惜有加，又称为文玩。

明清时代，上述这些用具与其他文房摆件，及品茗、抚琴、焚香用具和文人的藏书乃至书画碑帖等，令人目不暇接。每一品种各司其职，日臻完善，为后人留下了一笔丰富的文化遗产。如果说书斋是一个令人陶醉的迷人夜空，那文房清供就是夜空中的闪烁星辰，谱写出书房之中无限风光，成为文人士大夫生活方式的物化表现。

文房清供起源于秦汉时期，鼎盛于明清，与中国文人长相厮守，创造出精致、儒雅的书斋文化。中国传统文人长久以来浸淫于儒道释思想与文化理念，追求离尘脱俗、雅致高远，理想的生活是臻于“闲、静、幽、雅、逸”之人生境界。古物遗珍便是他们的心灵物语，反映了淡泊清远的人文气质，表现了文人高雅的艺术情趣和古代匠师绝妙的工艺水准，诠释出文人世界中的文化和精神。

明清时期的文房清供不再专属于文人，也成为贵族们点缀书房的必备陈设。文房清供具有四大特点：一是器型千变万化，即使是每项独立的文玩，其器型之纷繁亦各具风情，让人眼花缭乱。二是用途精细驳杂，文房用具的分类极为琐细，常人只知文房四宝，殊不知文房器玩多达数十种，仅与笔相关的就分了笔架、笔挂、笔筒、笔插、笔床、笔船、笔屏、笔帘、笔匣、笔海，分门别类，各不相同。明代屠隆在《文房器具笺》中就列举了45种文具，可谓集当时文房清玩之大全。三是材质丰富多样，举凡玉、竹、木、牙、铜、石、漆、料、玛瑙、紫砂、水晶等材质无所不用，极尽工巧。四是尺寸盈盈一握，作为书桌案几之玩用，一般大不盈尺，小不足寸，既可供设于案上，又可摩玩于掌中，小中见大，芥纳须弥，有“小器大样”之说。

虽然大多文房器具如今已经失去其实用价值，但随着人们在中国传统文化认知上的深入，书案上的各类物品和书斋中的各种器具，其精巧的制作工艺和所承载的延续千年的文人雅趣，越来越受到人们的珍爱。书架上的一只小小花器、一件玲珑的供石，案头一个精巧的水丞、一只雅致的笔筒、一个精巧的印盒、一尊庄严的仙佛造像，器物虽小，都可以让书斋生动起来。偶尔摆弄两下案头的陈设，间或抬头看窗外，都可以让书斋主人内心获得一份宁静。如不足8平方米的乾隆书房三希堂，前朝和当世的各种摆件用心分布在炕架、壁桌、窗台等各个角落，最匠心独运的是在一面墙壁上挂了十多个粉彩壁瓶，美玉彩石打造的奇花异草从壁瓶中探出，让这间小书房即使在寒冬也繁花似锦。

在当下，书斋陈设品的审美需求逐渐凸显，沉浸在琳琅满目的一案文房清供中，可以让你的心从浮躁的尘世中找到一丝宁静，在喧嚣之中寻找到一方精神的净土。

# 【笔】

笔是书写的工具，千百年来，我们用笔来学习、交流。

## ◆ 毛笔

毛笔出现前，竹笔是主要的书写工具。后来，人们在一端附上动物毛，成为软质毛笔，历史上多以“蒙恬制笔”作为毛笔的开端。古人制笔，取材多样，以其笔管材质来分，有竹、木、牙、漆、玳瑁、玉、水晶、琉璃、金、银、瓷等，这些珍贵材料经过上百年的使用和传承，已经包浆醇厚，备受文人雅士之珍爱。

▲青花瓷毛笔

长 258 mm

▲红木镶玉毛笔（王禔珍用款）

长 234 mm

▲青花釉里红毛笔

长 300 mm

▲竹雕毛笔

长 220 mm

▲红木毛笔（吴谷祥款）

长 233 mm

▲沉香木雕笔筒

高 126 mm　直径 120 mm

## ◆ 笔筒

笔筒是为了收纳笔和保护毛笔所用，由早期的笔套、笔床、笔插、笔篓发展而来，材料有玉、木、牙、竹、陶等，造型或圆或方或椭圆，通景构图，题材内容丰富，或山林风景、人物故事，或名人书法、题诗名句等，刻于笔筒上，极具艺术装饰效果。笔筒受到文人墨客的青睐，明代文人朱彝尊作《笔筒铭》云：“笔之在案，或侧或颇，犹人之无仪，筒以束之，如客得家，闲彼放心，归于无邪。”可见笔筒在文房中的重要性。

▲浅绛彩人物图笔筒

高 115 mm　直径 60 mm

▲浅绛彩仕女图笔筒（黄汝铭款）

高 125 mm　直径 86 mm

▲粉彩仙鹤图笔筒（陆云山款）

高 143 mm　直径 140 mm

▲柳荫泛舟图笔筒（张志汤款）

高 147 mm　直径 132 mm

▲粉彩佛法无边图笔筒（许祥庭款）

高 154 mm　直径 132 mm

▲福寿图粉彩笔筒（任焕章款）

高 138 mm　直径 90 mm

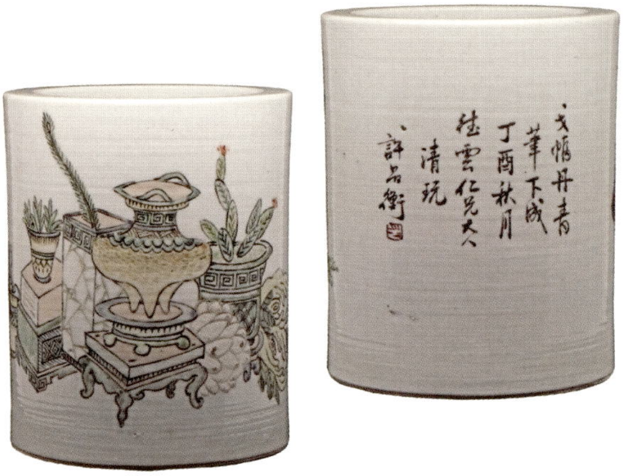

▲粉彩博古图笔筒（许品衡款）

高 144 mm　直径 120 mm

▲书卷式羲之爱鹅图笔筒

高 144 mm　直径 94 mm

▲七宝镶嵌红木笔筒

高 166 mm　直径 187 mm

▲竹雕临水图笔筒（倪田款）

高 162 mm　直径 90 mm

▲沉香木雕松山访友图笔筒

高 143 mm　直径 100 mm

▲寿山石浮雕携琴访友图笔筒

高 105 mm　直径 75 mm

▲象牙雕喜上眉梢图笔筒

高 135 mm　直径 115 mm

▲七佛图铜笔筒

高 108 mm　直径 82 mm

▲琥珀雕弈棋图笔筒

高 129 mm　直径 74 mm

## ◆ 笔架

笔架是中国传统的文房用具，又称笔格、笔山、笔插，是临时放置毛笔的专门器具，为防止圆形毛笔不用时滚动，将纸张染花而出现。笔架的材料质地多姿多彩，造型甚多且形状不一，此类物品随着笔的产生而附生，并不断发展、变化。

▲仿官釉水波形瓷雕笔架（焦公逸玩款）

长 88 mm　高 47 mm

▲山水人物图寿山石雕笔架

长 190 mm　高 90 mm

▲泛舟图黄杨木雕笔架

长 260 mm　高 80 mm

▲绿松石山形笔架

长 122 mm　高 45 mm

▲灵芝形炉钧釉瓷笔架

长 185 mm　高 40 mm

▲兽角雕双龙纹笔架

长 127 mm　高 58 mm

▲玉笔架

长 123 mm　高 60 mm

▲鱼化龙玉笔架

长 115 mm　高 95 mm

▲虎头褐彩青白釉瓷笔架

长 100 mm　高 40 mm

▲山形刻山水纹竹笔架

长 125 mm　高 90 mm

▲松鹿纹寿山石雕笔架

长 111 mm　高 50 mm

▲灵芝形寿山石雕笔架

长 119 mm　高 70 mm

▲青蛙荷叶图鹿角雕笔掭

长 80 mm　宽 24 mm

## ◆ 笔掭

笔掭又称“笔砚”或“笔舔”，为沾墨吮毫所用工具，造型多为浅碟式，如秋叶、灵芝、佛手、葫芦等，材质多为玉石、玛瑙、水晶、陶瓷、竹木、牙等，制作精巧。

▲叶形青花瓷笔掭

长 100 mm　宽 65 mm

▲红木雕花鸟纹笔掭

长 202 mm　宽 123 mm

▲瓜瓞绵绵瓷笔掭

长 96 mm　宽 66 mm

▲蛙形玛瑙笔掭

长 130 mm　宽 78 mm

▲荷叶形和田玉笔掭

长 56 mm　宽 38 mm

▲海螺形水晶笔掭

长 88 mm　宽 56 mm

▲松鹤纹墨玉笔掭

长 100 mm　宽 68 mm

## ◆ 笔洗

笔洗又名水洗，是清洗毛笔所用器具。古人用毛笔蘸墨写字，因墨中含胶，墨干之后，易将笔头粘住，为保护笔毫，使之耐久用，书写后要将其冲洗干净，因此，笔洗成为文房之中不可缺少的用具。笔洗材料各异，形状除常见的方形、圆形、椭圆形以外，还有仿拟自然植物之形，如荷叶、桃式、瓜等，大部分为敞口浅容器，其质地有瓷、玉、玛瑙等，以瓷质笔洗最为常见。

▲粉彩蝴蝶图瓷水洗

高 75 mm　口径 67 mm

▲沉香木雕水洗

长 252 mm

▲青釉鸡头水洗

高 120 mm　口径 125 mm

## ◆ 笔床

笔床又称笔船，是卧置毛笔的用具，其材料以木质居多，类似于现代的文具盒。

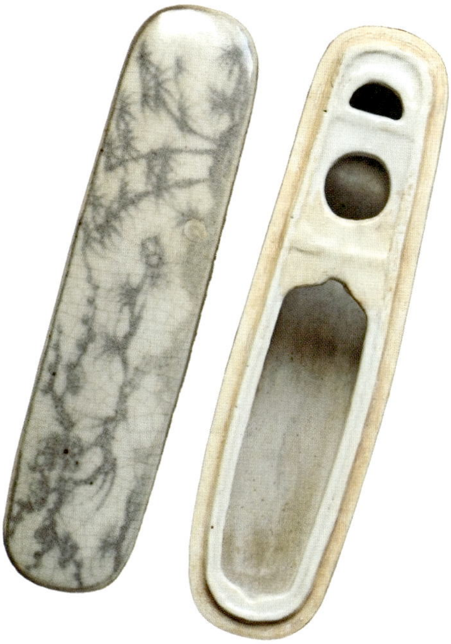

▲釉里红瓷笔床

长 300 mm　高 80 mm

▲红木贴黄笔床

长 268 mm　宽 44 mm

▲蕉叶纹沉香木雕文具盒

长 270 mm　高 50 mm

# 【墨】

墨是古代书写必不可少的用品，是我国传统的手工艺制品之一。

## ◆古墨

据考证，墨最早产生于汉代，按材质分为油烟墨、松烟墨，从用途上可分为商品墨、珍藏墨、雅玩墨、贡御墨、礼品墨。还有一种由文人墨客或达官显贵请制墨名家依自己的品位情趣自制、订制、题铭的专用墨，这类墨量小，在设计、做工、用料上非常讲究，是文人雅士或藏家品鉴、珍藏的珍品。

▲天衢书院定制墨

长 115 mm　宽 70 mm

▲圆形彩墨

直径 114 mm

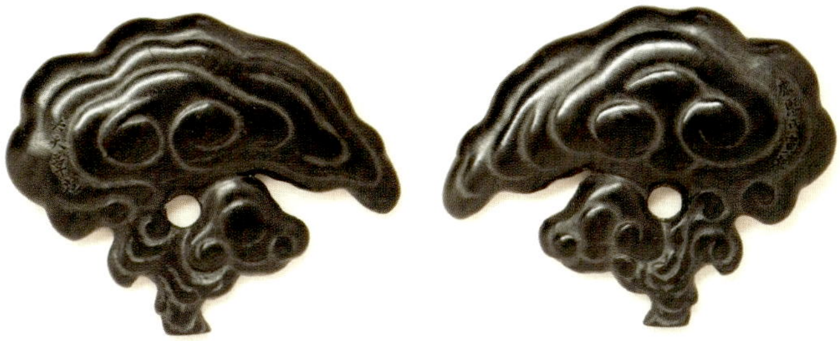

▲灵芝形墨（吴天章款）

长 110 mm　宽 90 mm

▲牛舌形龙纹墨

长 135 mm　宽 50 mm

▲朱砂墨

长 109 mm　宽 24 mm　高 10 mm

▲朱砂圆柱墨

长 115 mm　直径 20 mm

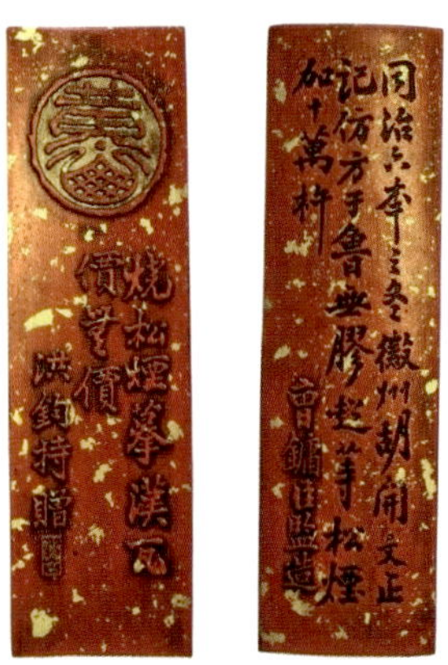

▲瓦形朱砂墨

长 90 mm　宽 58 mm　高 18 mm

▲朱砂墨

长 170 mm　宽 24 mm　高 10 mm

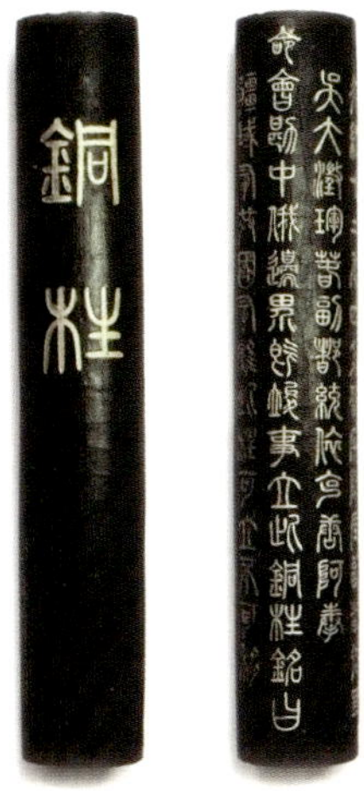

▲五石顶烟铜柱墨

长 215 mm　直径 35 mm

▲定制墨

长 103 mm　宽 35 mm　高 14 mm

▲超漆烟墨

长 98 mm　宽 23 mm　高 10 mm

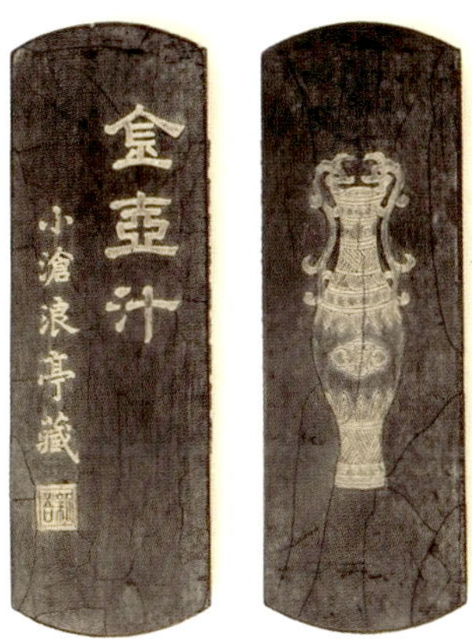


▲超顶烟墨

长 105 mm　宽 34 mm　高 10 mm

▲五石顶烟墨

长 95 mm　宽 21 mm　高 10 mm

▲金韵千秋墨（华文堂款）

长 93 mm　宽 22 mm　高 9 mm

▲超漆烟墨

长 150 mm　宽 36 mm　高 15 mm

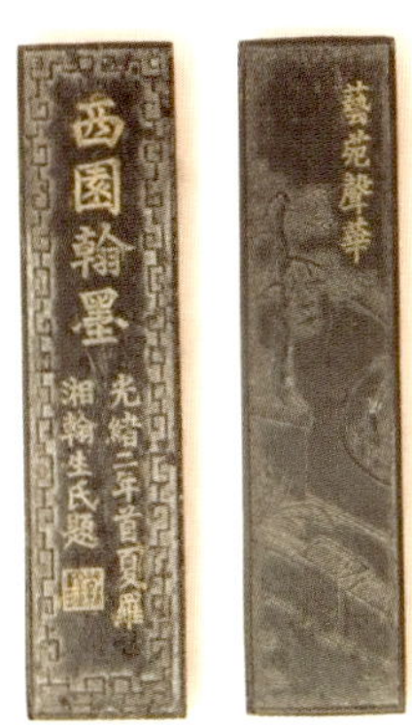


▲油烟墨

长 93 mm　宽 22 mm　高 10 mm

▲吉祥止止室墨

长 94 mm　宽 24　mm　高 10 mm

## ◆ 墨床

墨床也称墨架、墨台或墨搁，是专门用来承搁墨锭的小案子或架子。墨研磨后湿润，随意放置容易玷污他物，故制墨床以承放，清代较为流行。为便于清洗，其材质一般为玉石、瓷、铜等。墨床以墨定形，多为几案形、书卷形，虽形制小巧精致，但置于书案陈设，颇为清雅，深受历代文人墨客的青睐。

▲青花缠枝莲纹墨床
长 103 mm　宽 46 mm　高 35 mm

▲粉彩山水宜人图瓷墨床
长 130 mm　宽 50 mm　高 36 mm

▲粉彩清风秋韵图瓷墨床

长 112 mm　宽 46 mm　高 34 mm

▲粉彩山水图瓷墨床

长 106 mm　宽 64 mm　高 32 mm

▲铜镶玉墨床

长 65 mm　宽 35 mm

▲紫檀木雕墨床

长 140 mm

## ◆ 墨盒

墨盒是一种储存墨汁的器具，为方便存放和携带研磨后的墨汁而发明，有方、圆等形制，多流行于文人阶层，也有文人自制之品，或有文人题写诗画，作为书房案头陈设。

铜墨盒是清代后期出现的。

▲蛙形铜墨盒

长 98 mm　宽 75 mm　高 58 mm

▲玉蛙形墨盒*

长 100 mm　宽 75 mm　高 30 mm

# 【纸】

纸是中国的一个伟大发明。虽然纸的品种很多，但宣纸仍然是供毛笔书画用的独特的手工纸，在国际上有“纸寿千年”的声誉。纸的辅助用具包括臂搁、镇纸、镇尺（压尺）、文刀等，为书写的必备文具。

## ◆ 笺纸

笺纸，又称诗笺，随着雕版印刷技术的改进，古代文人雅士对纸张的要求越来越高，于是自己设计或请一些画家绘制一些简单的图案，并在上面题诗或者把诗抄在上面请别人唱和，以收赏心悦目、图文并茂之效。

▲木刻龙纹笺

长 240 mm　宽 160 mm

## ◆ 臂搁

臂搁是古代文人在书写时，用来搁放手臂的文房用具。因古人书写习惯自右至左，臂搁可防止衣袖沾蹭墨迹，同时还可解决悬腕书写易于疲劳的问题。特别是书写小字时，垫着臂搁，可使手腕得到支撑，也因此称为“腕枕”。清代文人爱好竹制臂搁，特别是夏天，竹臂搁成为主流。一来防止炎热天气臂上汗水洇纸，二来因竹之凉性，更可得一时清爽，因此竹臂搁也称为“竹夫人”。由于雕刻高手的参与，加之臂搁便于琢制和赏玩，清代竹木雕开始为文人所重视，诗词书画、山水人物、花鸟虫鱼的题材大量出现。因臂搁是书房常用把玩之物，文人墨客日夕摩挲，年久日深，包浆莹润灿然，颇具灵气神采，可视为文房“珍品”。

▲浅刻山石诗文竹臂搁

长 278 mm　宽 40 mm

▲诗文竹臂搁

长 270 mm　宽 100 mm

▲馀三刻鳜鱼图竹臂搁

长 297 mm　宽 70 mm

## ◆ 镇纸、镇尺

镇纸又称“纸镇”“书镇”，为镇压纸张、书籍等的文房用具，既可防止风吹翻起轻飘的纸张，又能避免书写笔力引起纸张移动。镇纸出现在春秋末期，明清时期使用广泛，一般以铜、玉、石、水晶、玻璃或陶瓷等较重之材质制成。其形制各异，体积较小，多以蟾蜍、虎、螭、貔貅等为形。

镇尺亦称“书尺”，功用同于镇纸，形制多为长条形，整体厚重，有金、银、铜、玉、木、竹、石、瓷等材质，亦有成对两根，其上刻铭文或对联、辞章、花卉图案，彰显书卷气息和文人情趣。

镇纸、镇尺虽非文玩重器，但在摆设讲究的文房中，颇能体现主人的爱好与情趣，在众多雅玩中起画龙点睛之用。

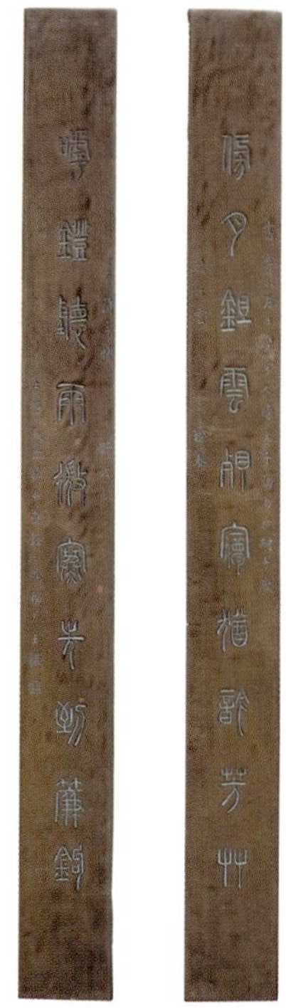

▲铜镇尺（王禔款）

长 229 mm　宽 30 mm

▲红木贴黄纸镇（水竹村人款）

长 300 mm　宽 42 mm

▲红木贴黄纸镇（徐祥款）

长 224 mm　宽 38 mm

▲红木贴黄纸镇（松山款）

长 275 mm　宽 69 mm

▲黄花梨贴黄纸镇（姚元之款）

长 229 mm　宽 49 mm

▲黄花梨贴黄纸镇（张辛款）

长 239 mm　宽 29 mm

▲“壁上卷中”联红木嵌竹纸镇（西园款）

长 217 mm　宽 45 mm

▲凤鸟形绿松石纸镇

长 55 mm

▲绿松石纸镇

长 70 mm

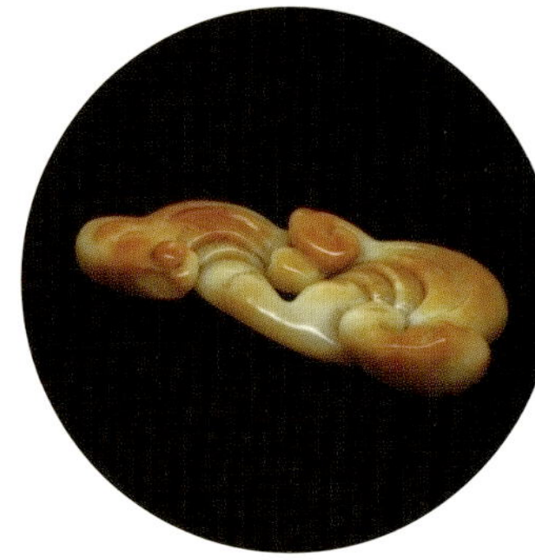

▲灵芝形寿山石雕纸镇

长 130 mm

▲牛形红铜纸镇一对

长 80 mm

▲松鼠形铜雕纸镇

长 100 mm

▲翡翠雕纸镇

长 90 mm

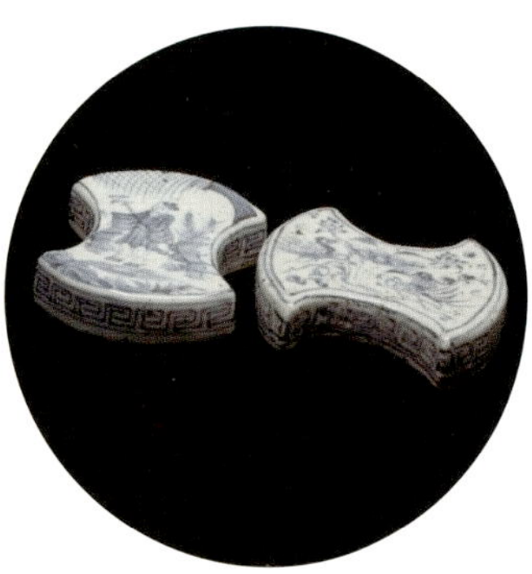

▲元宝形瓷纸镇

长 87 mm

▲玉环形纸镇

直径 52 mm

▲瓜形黄玉纸镇

直径 35 mm

▲雕蝉蜜蜡纸镇

长 106 mm

▲蕉石图纸镇

高 84 mm

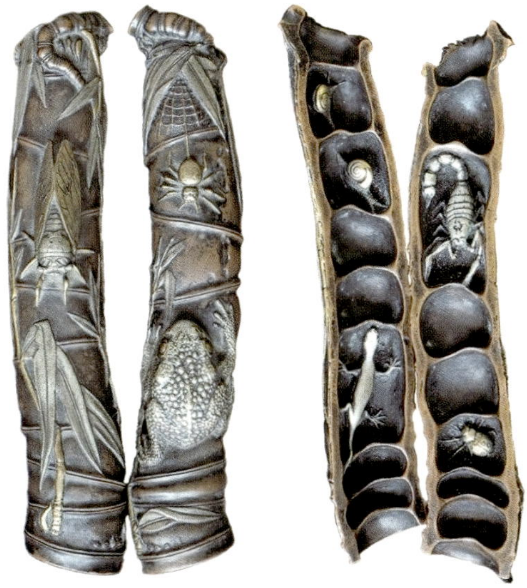

▲铜嵌银雕五毒纸镇一对

长 230 mm　宽 40 mm

▲古琴式红木纸镇

长 297 mm　宽 49 mm

▲红木纸镇（曹曰瑛款）

长 300 mm　宽 65 mm

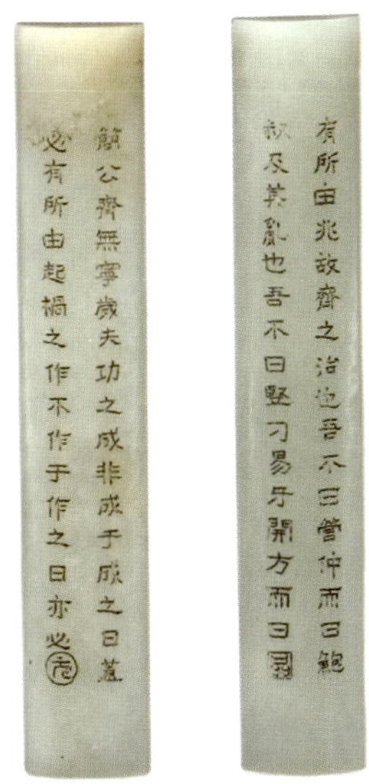

▲玉纸镇一对

长 150 mm　宽 16 mm

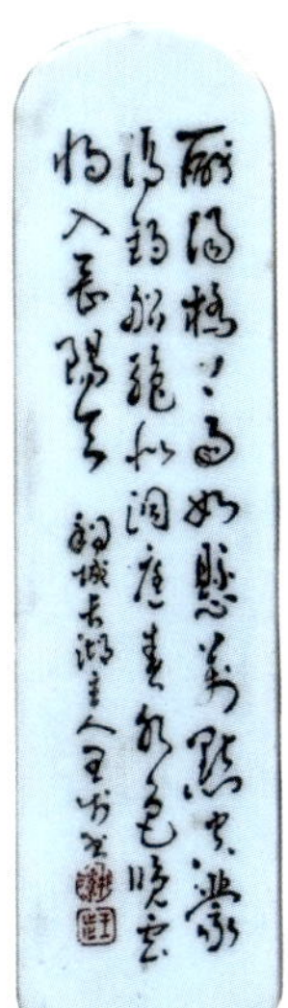

▲瓷纸镇（王步款）

长 165 mm　宽 40 mm

## ◆ 文刀

文刀，也称“文房裁纸刀”，是文人案头用来裁宣纸等纸张的用具，是文房必备之具，用金属、牙、木、玉、竹各类坚硬材质制作。其光泽柔和、不浮不嚣、锋芒内敛，有一种沉静优雅的魅力，备受文人雅士青睐。

▲玉削刀

长 165 mm

▲兽骨裁纸刀

长 230 mm

▲小叶紫檀木裁纸刀

长 308 mm

▲竹刻裁纸刀

长 310 mm

# 砚

砚在古籍中有“砚田”“墨海”等别称，是一种古老的传统手工艺品。作为一种书写工具，在现实社会中的应用性已是较弱，但它作为中国传统文化的一个载体，是一种有着很高观赏价值的文物性工艺品。

▲雕葡萄纹端砚
长 256 mm　宽 240 mm　高 76 mm

## ◆ 墨砚

墨砚，即人们平常所说的砚台。中国文房四宝中，墨和砚的历史最为悠久。从砚台的发展史来说，秦汉砚为初创砚台，而书写砚的完善则是在唐宋。唐宋时期，汉代发明的蔡侯纸已完全替代竹简而得到普及，造墨技术日趋精湛，加上书画艺术的勃兴，这些都刺激了砚台的发展。到明清时代，墨砚的功能由实用转为艺术欣赏，这时涌现出一大批专业制砚名家，砚也逐渐演变成工艺美术品，进而成为一种艺术收藏品。

砚从产生到发展至成熟，绵延几千年，这些色泽并不鲜艳的石头，融中国书画、印、雕刻、诗赋于一体，成为中华民族独一无二的艺术珍品。文人雅士历来对砚情有独钟，藏砚、赏砚、铭砚蔚然成风，墨砚成为中国文人不可或缺的伴侣，故前人有言:“宁可三日不洗面，不可一日不洗砚。”更有癖者，与砚朝夕相随不忍释手。静坐书斋赏玩前贤名砚，再着水研墨，观墨云在佳砚上缓缓泛起，闻阵阵墨香，尚未动笔，已息心静气，百虑俱忘矣。

水注、砚滴、水丞（水盂）、砚屏等，为用砚之辅助用具。

▲蝙蝠云纹翡翠斑金线纹端砚
长 350 mm　宽 310 mm

▲灵芝形端砚（梦楼款）
长 190 mm　宽 143 mm　高 62 mm

▲龙纹绞胎瓷砚（竹庵氏制）

直径 116 mm

▲赏月图瓷雕砚

长 178 mm　宽 138 mm　高 22 mm

▲瓷风字砚

长 178 mm　宽 135 mm　高 29 mm

▲双狮形瓷砚

长 190 mm　宽 139 mm　高 85 mm

▲三彩砚

直径 52 mm　高 24 mm

▲银星纹歙砚

长 265 mm　宽 188 mm

▲如意云头歙砚

长 210 mm　宽 129 mm　高 33 mm

▲龙纹浮雕端砚

长 328 mm　宽 208 mm

▲箕形歙砚

长 127 mm　宽 98 mm　高 28 mm

▲澄泥箕形砚

长 170 mm

▲海天旭日纹端砚

长 249 mm　宽 149 mm　高 24 mm

▲漆砂砚

长 179 mm　宽 138 mm　高 23 mm

▲漆砂砚

长 152 mm　宽 95 mm　高 16 mm

▲松花石砚

长 153 mm　宽 113 mm　高 37 mm

▲犀皮纹澄泥砚

长 188 mm　宽 118 mm　高 31 mm

▲竹节形歙砚

长 153 mm　宽 108 mm　高 71 mm

▲卧牛水波纹歙砚

长 173 mm　宽 165 mm　高 52 mm

▲蕉叶白端砚

长 141 mm　宽 117 mm　高 35 mm

▲白端砚

长 152 mm　宽 102 mm　高 21 mm

▲翡翠斑端砚（黄石款）

长 210 mm　宽 143 mm　高 31 mm

▲长沙铜官窑釉下绿彩水滴

高 94 mm

## ◆ 砚滴

砚滴又叫水注、水滴，许之衡在《饮流斋说瓷》中指出：“凡作物形而贮水不多则名曰滴。”砚滴在汉代已出现，唐宋时期较为流行，是研墨所用的盛水器，虽盛水不过数滴，却有积水成渊的雅趣。材质以陶瓷等居多，风格新颖，形式多样，有小孔及嘴，可用手指摁住小孔掌握注水程度。从传世藏品看，砚滴雷同者很少，多各具形态，鱼介、花、壶等形及仿古代青铜器形较多。砚滴既承载着文房之实用功能，更寄托了文人雅士的审美情趣。当这些实用器具转变为观赏把玩之件，文人赋予它们的情感变得更为重要，其真正的价值不在于用，而在于那精致的造型和盈盈可握的愉悦及体现出来的文化品位。

▲紫砂冬笋形水滴

长 150 mm

▲青白釉点褐彩鼓形瓷水滴

高 70 mm

▲青白釉龙形瓷水滴

高 70 mm

▲青花釉里红鸭形水滴

高 110 mm

▲青花鸳鸯形水滴

高 84 mm

▲蛙式青瓷水滴

高 76 mm

▲青白釉鱼形水滴

高 74 mm

▲绞胎绿釉瓷水滴

高 63 mm

▲莲花纹玉水滴

高 48 mm

▲铜钱纹霁蓝釉瓷水滴

高 38 mm

▲摩羯鱼青釉瓷水滴

长 140 mm

▲沉香木雕水滴

长 102 mm

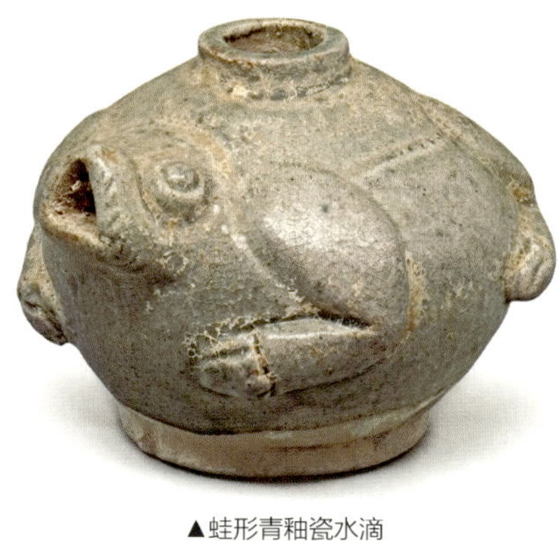

▲蛙形青釉瓷水滴

高 68 mm

▲福寿纹竹制水滴

高 31 mm

▲寿桃形竹根雕水滴

高 35 mm

▲三彩蛙形水滴

高 60 mm

▲人物形紫砂水滴

长 80 mm

▲红绿彩瓷水滴

高 50 mm

▲葫芦形琉璃水滴

高 64 mm

▲磁州窑花卉纹水滴

高 70 mm

▲瓜棱形磁州窑水滴

高 65 mm

▲炉钧釉瓷水滴

高 74 mm

▲鸟形青釉瓷水滴

高 60 mm

▲绿釉陶水滴

高 113 mm

▲鸡头形青釉瓷水滴

高 45 mm

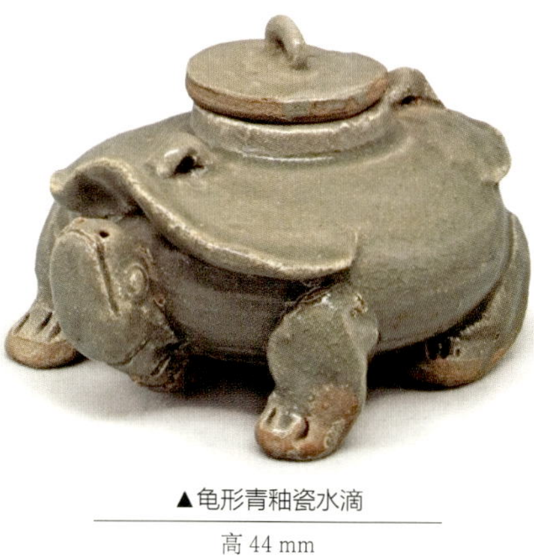

▲龟形青釉瓷水滴

高 44 mm

▲辣椒形瓷水滴

长 85 mm　长 110 mm

▲黑釉瓷水滴

高 50 mm

▲瓜形酱釉瓷水滴

高 53 mm

▲三彩龟形水滴

高 94 mm

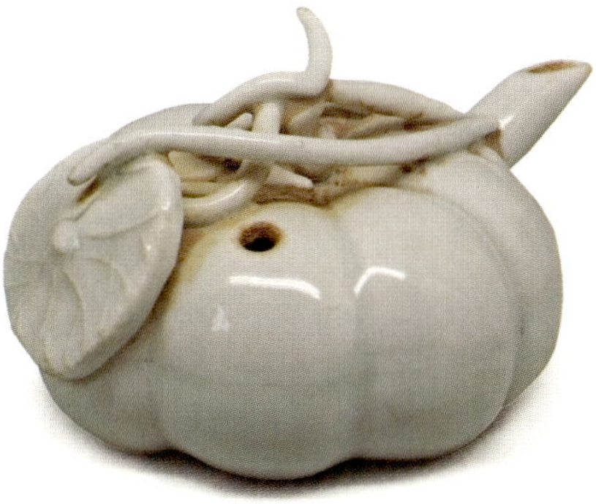

▲瓜果荷叶形青白釉瓷水滴

高 45 mm

▲长沙窑瓷水滴

高 48 mm

## ◆ 水丞

水丞又称水盛、水盂、水中丞，是贮水器具，用于贮水掭砚。由于磨墨等用水不多，因此水丞一般体积不大，多附以小勺或匙汲水，形式为敞口。水丞在汉代已有制作，魏晋时盛行，有圆形、方形、桃式、瓜式等多种式样。因其置于书桌，均出奇精巧，古朴雅致，极具装饰性。其可用材质丰富，有陶瓷、玉、竹木、牙雕、铜、玻璃等。明清两代的水丞在传统基础上多有出新，题材内容更有寓意福寿吉祥等内容，造型更加多样，纹饰有人物、龙凤、蟠螭、云蝠、花果、松树、四君子、题诗铭等。水丞虽说是小玩意，但其中蕴含了文人情趣以及能工巧匠的精心构作，极大地丰富了文房概念，得文人雅趣，为文房之雅玩。另外，从养生之道来说，水丞可息心养性，“一洗人间氛垢矣，清心乐志”。从心理角度来看，水丞可助文思，“几案之珍，得以赏心而悦目”。

▲沉香木雕卧牛水盂

高 48 mm

▲莲蓬形黄杨木水盂

直径 81 mm　高 50 mm

▲竹水盂

直径 52 mm　高 28 mm

▲青釉褐彩莲瓣纹水盂

直径 55 mm　高 60 mm

▲雕蛙形竹水盂

直径 60 mm　高 73 mm

▲席纹紫砂水盂

直径 60 mm　高 60 mm

▲青花鸳鸯缠枝莲纹瓷水盂

长 103 mm　高 70 mm

▲青花釉里红寿字纹水盂

直径 55 mm　高 30 mm

▲黄釉刻画山水人物纹水盂（陈国治款）

直径 55 mm　高 55 mm

▲霁蓝釉龙纹水盂

直径 40 mm　高 70 mm

▲绿釉鼓钉纹缸形水盂

直径 30 mm　高 60 mm

▲青釉瑞兽形水盂

高 80 mm

▲钧窑月白釉瓷水盂

直径 22 mm　高 46 mm

▲荷花荷叶形瓷水盂

底径 85 mm　高 90 mm

▲福寿桃形玉水盂

长 55 mm　高 25 mm

▲大吉图瓷雕水盂（王炳荣款）

直径 80 mm　高 70 mm

▲荷叶人物形绿松石水盂

长 72 mm　高 42 mm

▲三彩罐形水盂

直径 60 mm　高 71 mm

▲三彩水盂

直径 50 mm　高 40 mm

▲梅花图和田玉雕水盂

长 70 mm　高 40 mm

▲荷叶形雕蛙双出口玉水盂

长 110 mm　高 30 mm

▲鱼莲图玉水盂

长 55 mm　高 15 mm

▲荷叶形兽骨雕水盂

长 70 mm　高 20 mm

▲鹿角雕松树纹水盂

长 70 mm　高 24 mm

## ◆ 砚屏

砚屏于宋代开始流行，可能源自古代的屏风，其形态较小，通常置于几案之上，砚台之前，用作陈设或遮挡、避风等，属于观赏性的小型屏风，故江南又称台屏。砚屏主要有三大类，一类是某种材质独立制作，如陶瓷、漆器等。第二类有座架，屏板插入，如玉石类，底座多为木质。第三类是有框架包裹插入底座。砚屏多直接置于条案类桌之上，供人赏玩、收藏，在文玩世界别具天地，独放异彩。

▲竹木雕砚屏

长 500 mm　高 400 mm

# 【印】

## 方寸之地 气象万千
### ——古代印章鉴赏

印章是中国文人特有的一种符号标志，我们今天所看到的许多书画、典籍、信札上都会看到各式各样的印章，不但印文各异，印体的材质和形象也是五花八门。它们不仅是个性的象征，也是我国书画艺术中不可缺少的装饰艺术，更是文人心中与诗书画等而视之的文房重器，为文房中的翘楚。世界四大文明古国都曾用印信，但随着岁月流逝，只有我国的印信不断发展变化而独放异彩。随着奥运会徽中国印的出现和篆刻艺术被列入世界非物质文化遗产，作为其载体的印章，越来越受到世人瞩目。

### 印章的渊源流变

我国的印章产生于战国时期（也有说起于商代），从现存最早的印章来看，虽历经两千多年，今天仍能使人感受到深邃古奥，让人产生一种新奇宽博的审美意识，这种审美意识往往集中在印章的外形和篆刻艺术上。

秦以前，不论官印、私印都不叫印，称为鉨，就是后来的“玺”。秦始皇时代，为显示帝王的至高无上，规定只有皇帝的印称“玺”，以至后世皇帝的印都称为“御玺”，而一般百姓的印，就只能称“印”。

中国印章发展史上第一次高潮发生在汉代，也就是中国印章“实用时期”的制作高峰。这一时期，印章作为权威的标识和公私事务的信用物，已经为整个社会所认可、重视。

魏晋以后，纸张成为重要的书写用品，印章也不再用于封泥，而是直接蘸印色后将印文钤盖于纸上。这是中国印章一个非常重要的变革和转折，它带来了篆刻艺术、印章印制、印章材料等一系列的变化。

到了元末明初，受各种文化因素的影响，这块由工匠独立支撑了千年的领地被文人闯入，使绘画、书法、篆刻三种艺术融为一体。王冕用花乳石制印，解决了印材不便于篆刻的问题，大批文人能够直接参与制印，自篆自刻。至此，印章从为官的信物逐渐演变为文人特有的一种符号标志，由单纯的实用工具转变为基于“诗、书、画、印”兼具精神取向的艺术欣赏符号。印章从它的出现到为人们喜爱，经过了由实用物嬗变为艺术品的漫长过程。

到明代中后期和清初,中国印章史迎来了第二次高潮,也就是中国印章“篆刻艺术时期”的制作高峰。

## 中国文人印章

王冕以花乳石制印，这一不经意的举动既为印材开辟了一条新的途径，更为文人自篆自刻提供了便利，大大地激发了文人竞相持刀耕石的热情。他们以刀代笔、以石代纸，为明清篆刻艺术的昌盛提供了土壤，使明清篆刻成为可与汉印相辉映的新派印章，对后来书法、篆刻艺术的分裂生殖产生了重要影响。

自文人自制印章始，产生了众多成就较大的篆刻名家，多种篆刻流派相继出现。从明代印章流派的宗师文彭到皖派何震，再到徽派篆刻家汪关、程邃、巴慰祖、胡彦，直至清代乾隆时浙派崛起，以丁敬为首的“西泠八家”，他们宗法秦汉，博采众长，善用切刀，是影响中后期篆刻风格的重要流派。清代后期的邓石如、吴熙载、赵之谦、黄士陵、吴昌硕乃至民国的齐白石等更是各领风骚。

## 印章的种类

印章可以有不同的分类方式，从使用对象来看可以分为官印和私印，从具体用途来说又可以分为签笺印、斋馆印、书简印、肖形印、闲章印等。

闲章是篆刻艺术的代表，可以说没有闲章就没有篆刻艺术的今天。所谓闲章，即篆刻别种字样，不刻姓名，不作权力、身份的凭证，以玩收、雅赏、托情养意为主，或只求其形式表现的印章。闲章要求有高超的文字、文学修养，要尽可能地在有限的印面上蕴藉更丰富的内涵和情趣，既高逸，又典雅。在闲章中，有的印文是经史典故，有的是警世名言，或为前人所云，而多是自立其言。总之，文人生活中的兴致意趣都能在这方小印中浮凸可见。

除了印文，古代文人往往还在印章的其他面刻上诗词美文、警句短语、史事掌故、感悟感言等，称为边款，有些款识除了可作书法碑刻来鉴赏外，还可以作为文学作品来品读，它们或记事或抒情，或谈艺或品文，读之令人神往。边款与印文相映成趣，具有金铸玉琢的微妙感觉。

## 多彩的印石世界

印章被历代文人所珍视的一个重要原因是印材的繁多，这也是印章能够在这片国土蓬勃繁衍的客观条件。最具魅力、运用最广泛的首推石印。“石不能言最可人”，文人雅士只要有兴趣，即使手无缚鸡之力，也可亲自操刀在小小印石上精雕细刻，畅快淋漓，倾注思想，寄托情感。文人有三雅：奇石、兰花、紫砂壶。长期与石相处，滋养了他们与石头之间不可名状的情感。因此，从明末开始，石印迅速取代金银、玉、象牙等成为金石艺术的主流，其价格甚至高于美玉，当真是“世俗贵玉而贱石，独文人鄙玉而重石”。小小印石，在文人手中翻转出别样天地，这显然与石质本身有关。其一，与脆弱的纸相比，石头更经得起时间的历练，就像是美酒，存放的时间越久，就越浓郁醇厚。其二，印石体积很小，方便携带，方寸之间，反复把玩摩挲，可以感受温润之质，可以欣赏幽光之泽。

印石世界琳琅满目，总体来说，青田石、寿山石、昌化石、巴林石为四大印石系列。而寿山石中的田黄石、昌化石中的鸡血石被历代文人珍爱，分别被誉为“石帝”“石后”。

文人爱石、赏石，只因小小印石还隐喻着一种渐行渐远于大众的生活方式，这曾深深扎根于中国传统士大夫阶层，成为他们骨子里的一部分，融进了他们的血液，也成就了他们的精神气质，使他们的生活质量变得温润厚重。

## 印章的欣赏

印文篆刻，包括材质美、雕刻美、文字美的多元聚合，构成了文人印章的典型品格，确定了中国印章的立体形象与审美传统。

材质美　印材优雅可人的自然气质，构成了印章先天的贵族血脉。印石“似玉而非玉”，细腻，温润，而其色彩千变万化，瑰丽无比。有“石中之王”之称的寿山田黄石，润腻绵密，色彩凝重，而黄色更是华夏民族的一种象征，高贵而有丰富的文化内涵;青田“灯光冻”石晶莹如玉，照之灿若灯辉而价重于金，是青田石之极品；鲜艳无比的昌化鸡血石和巴林鸡血石石质细腻，状若鲜红之鸡血滴在石材上。四大印石每类都有上百个品种，这些纹理瑰丽的各色冻石，经过艺人巧妙雕刻之后，品高韵长。它不仅带给赏者以视觉美，还可受人气之养，握于掌中，摩挲抚玩，借着肌肤触感，产生柔润和谐的心境，引发无限美好的遐想，达到石人合一、净化心灵、修心养性的目的。

雕刻美　中国印钮雕刻随着印材的多样化而走向艺术化道路，是中国五千年石雕艺术的一个缩影。它不仅充分运用石雕造型艺术中的表现手法，如圆雕、浮雕、透雕、阴线刻、凹面刻、减地平面阴刻等，而且还在“方寸之地”集雕刻、书法、绘画于一体，千姿百态、精巧之至，形成了一个非常独特的艺术世界，创作出便于文人把玩的“人性化”印雕艺术。

文字美　也就是印文篆刻和文辞之美，包括边款在内，这是印章的灵魂，也可说是“书法、章法、刀法”三法结合之艺术。其中，书法是基础，章法是营构布置之道，刀法是二者在印石上的展示。章法和刀法依托的载体都是汉字。文字之美包括书法绘画的布局、诗词文赋的抒情、典章文字的底蕴和中国文化特有的阴阳虚实的对比。无论是书家还是画家，都能把自身的艺术感受融于篆刻之中，使刀如笔，骋怀畅意，而这种艺术所具有的含蓄、委婉的特征，也正是东方性格和中国传统文人所向往和偏爱的。

上述三者的结合，使印章不再是一方冰冷的物件，而是有生命和灵魂的瑰宝。

“方寸之地，气象万千”，一方小小的印章，可承载大千世界的缤纷流丽，也可寄寓古代文人访闲叩幽的几许心愿，反映出他们闲暇之余的精神寄托，成为其生命的一部分。

## ◆ 印章

印章作为一种雕刻和书法融合的艺术，是和中国书法、绘画密不可分的艺术形式。印章独具特色，因此在古玩鉴赏领域和古玩市场中占有较为重要的地位。

印章的形状有方、圆、长方、椭圆等，但方者居多。文字很繁杂，有几十种。印章的质地古今不同，先秦及秦汉时期多用铜和玉，也有用金银的。唐代以后，印章材料增加了象牙、犀角、陶、瓷等。元末及明代以后，多用石材，石材中又以寿山石、青田石、昌化石为最佳。当然，从清末至现代，还以水晶、玛瑙、竹根、塑料、有机玻璃等作为印材。

▲寿山石印章（黄梓庠刻）

高 143 mm　长 103 mm　宽 72 mm

▲寿山石印章（王祖光刻）

高 60 mm　长 65 mm　宽 20 mm　　高 62 mm　长 45 mm　宽 22 mm
高 52 mm　长 30 mm　宽 22 mm　　高 70 mm　长 52 mm　宽 14 mm

▲和田玉俏雕薄意印章（张辛款）

高 35 mm　长 27 mm　宽 19 mm

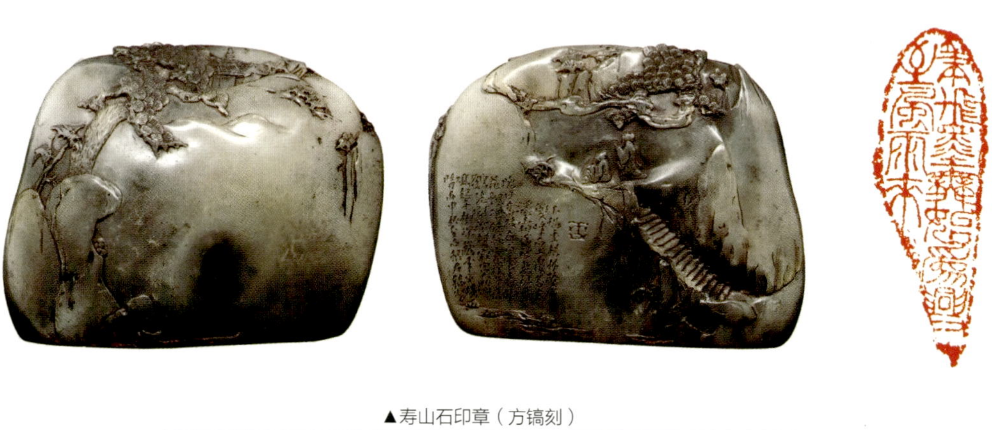

▲寿山石印章（方镐刻）

高 98 mm　长 110 mm　宽 40 mm

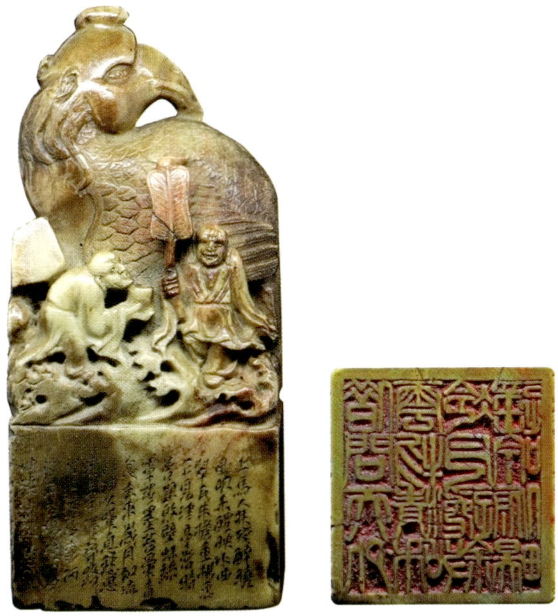

▲人物凤鸟钮寿山石印章（徐涵刻）

高 170 mm　长 78 mm　宽 74 mm

▲寿山石印章（路钢刻）

高 104 mm　长 95 mm　宽 35 mm

▲寿山石龙钮印章（张澹刻）

高 45 mm　长 115 mm　宽 67 mm

▲萧山石印章（沈振铭刻）

高 100 mm　长 70 mm　宽 70 mm

▲寿山石随形印（吴俊款）

高 58 mm　长 32 mm　宽 20 mm

▲兽钮寿山冻石印章（任廷贵刻）

高 90 mm　长 30 mm　宽 30 mm

▲寿山芙蓉石印章（白恩佑刻）

高 77 mm　长 55 mm　宽 35 mm

▲龙钮和田玉印

高 55 mm　长 53 mm　宽 53 mm

▲寿山石兽钮印章（陈成永刻）

高 160 mm　长 31 mm　宽 31 mm

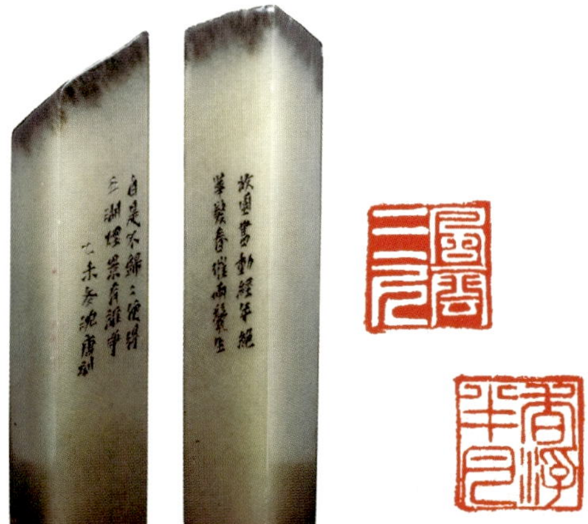

▲青田石对章（沈唐刻）

高 120 mm　长 25 mm　宽 25 mm

高 115 mm　长 25 mm　宽 25 mm

▲寿山石印章（章藩刻）

高 65 mm　长 50 mm　宽 20 mm

▲寿山石印章（吴琛刻）

高 70 mm　长 40 mm　宽 30 mm

▲寿山石印章（江尊刻）

高 50 mm　长 38 mm　宽 15 mm

▲寿山石印章（江尊刻）

高 65 mm　长 30 mm　宽 29 mm

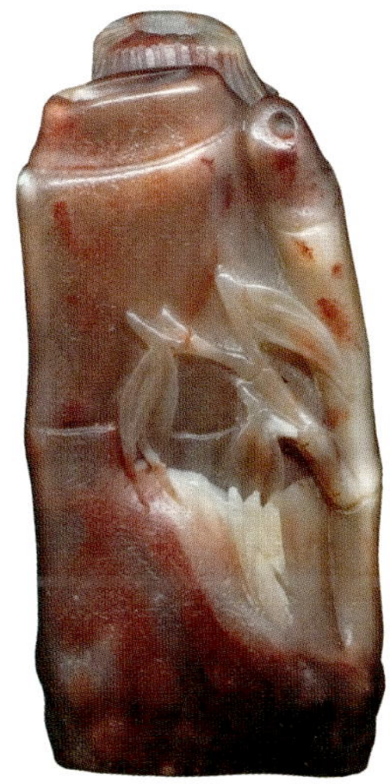

▲寿山石印章（余集刻）

高 72 mm　长 35 mm　宽 28 mm

▲寿山石印章（曹宗载刻）

高 46 mm　长 24 mm　宽 24 mm

▲寿山石印章（王同刻）

高 50 mm　长 35 mm　宽 35 mm

▲寿山石印章（高野侯刻）

高 44 mm　长 40 mm　宽 23 mm

▲寿山石印章（郑文焯刻）

高 90 mm

▲寿山石印章（陈炼刻）

高 30 mm　长 28 mm　宽 18 mm

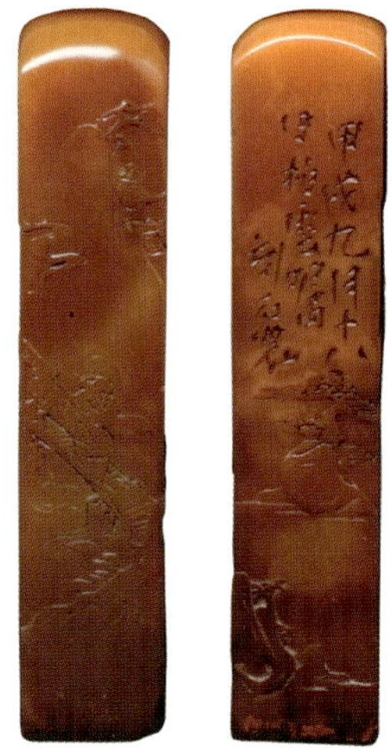

▲寿山石薄意雕印章（石农刻）

高 87 mm　长 17 mm　宽 14 mm

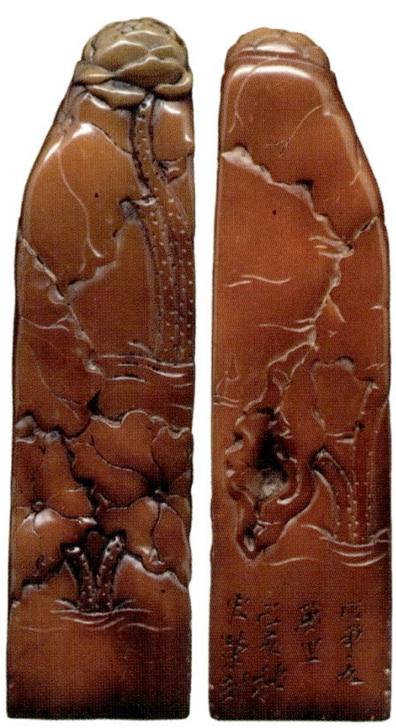

▲寿山石荷钮印章（史荣刻）

高 113 mm　长 30 mm　宽 12 mm

▲寿山石印章组印（邓传密刻）

高 90 mm　长 28 mm　宽 28 mm

高 82 mm　长 24 mm　宽 24 mm

▲寿山石印章（周金然刻）

高 90 mm　长 46 mm　宽 46 mm

▲寿山石印章（郑思源刻）

高 55 mm　长 55 mm　宽 11 mm

▲寿山石印章对印（郭兰枝刻）

高 62 mm　长 36 mm　宽 36 mm

▲寿山石印章（吴大受刻）

高 95 mm　长 32 mm　宽 32 mm

▲寿山石组印（颜炳刻）

高 115 mm　长 27 mm　宽 11 mm
高 84 mm　长 30 mm　宽 12 mm
高 62 mm　长 25 mm　宽 10 mm

▲寿山石人物雕印章（李有兆刻）

高 95 mm　长 38 mm　宽 18 mm

▲寿山石兽钮印章（王承基刻）

高 25 mm　长 38 mm　宽 38 mm

▲寿山石三阳开泰钮印章（林鸿刻）

高 94 mm　长 28 mm　宽 28 mm

▲寿山石印章（黎良行刻）

高 135 mm　长 23 mm　宽 23 mm

▲寿山石竹节钮印章（陈豪刻）

高 140 mm　长 15 mm　宽 15 mm

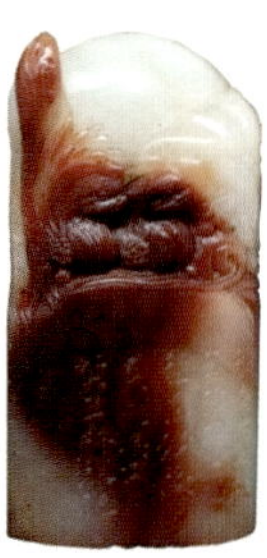

▲寿山石鸳鸯钮印章（林鸿刻）

高 55 mm　长 30 mm　宽 15 mm

▲鼎钮寿山石印章（阮常生刻）

高 120 mm　长 50 mm　宽 50 mm

▲寿山石印章（唐晏刻）

高 110 mm　长 37 mm　宽 37 mm

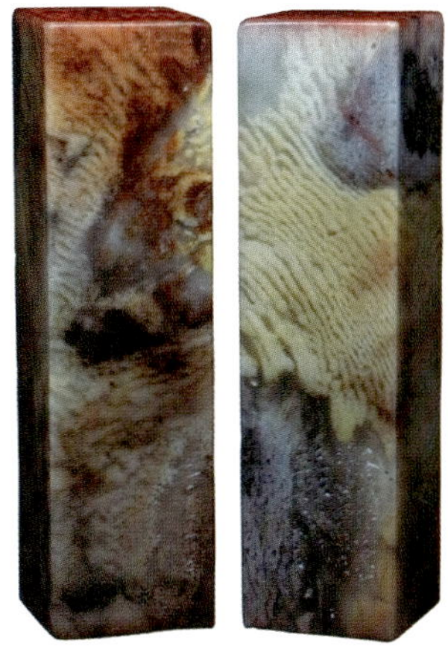

▲寿山石对章（孟毓森刻）

高 114 mm　长 31 mm　宽 31 mm

▲寿山石印章（史致谟刻）

高 110 mm　长 30 mm　宽 30 mm

▲寿山石兽钮印章（祝同治刻）

高 118 mm　长 30 mm　宽 30 mm

▲寿山石印章（张纯刻）

高 115 mm　长 47 mm　宽 47 mm

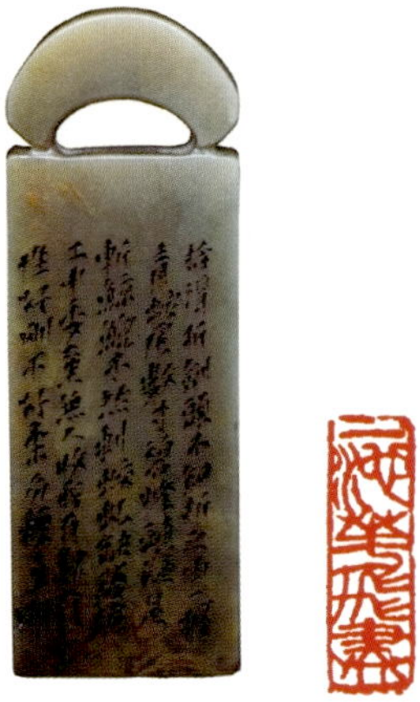

▲寿山石桥钮印章（曹森刻）

高 85 mm　长 31 mm　宽 10 mm

▲寿山石印章（史震林刻）

高 114 mm　长 57 mm　宽 53 mm

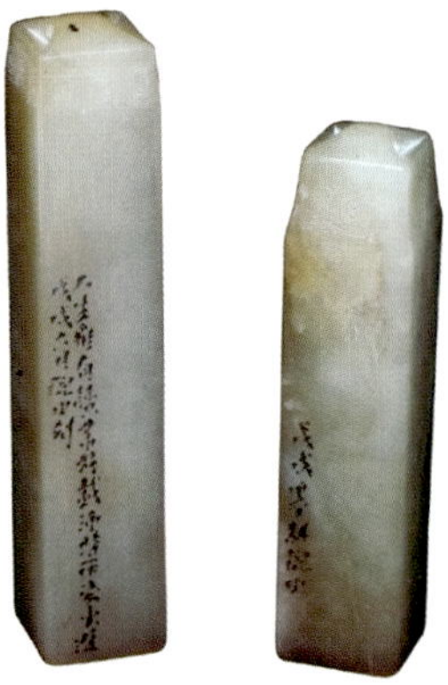

▲寿山石印章一对（倪田刻）

高 78 mm　长 15 mm　宽 15 mm
高 66 mm　长 15 mm　宽 15 mm

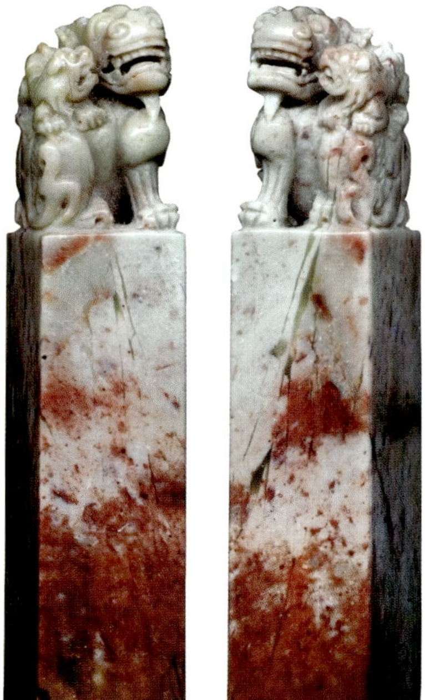

▲寿山石对章（陈吉光刻）

高 150 mm　长 30 mm　宽 30 mm

▲寿山石对章（龙启瑞刻）

高 70 mm　长 16 mm　宽 16 mm

▲寿山石印章（陈鏻刻）

高 70 mm　长 11 mm　宽 11 mm

▲寿山石博古钮印章（高时丰刻）

高 90 mm　长 19 mm　宽 19 mm

▲寿山石印章（郑基成刻）

高 160 mm　长 36 mm　宽 36 mm

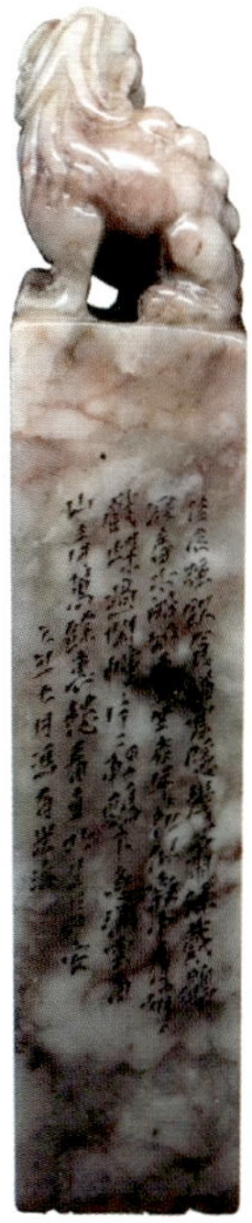

▲兽钮寿山石印章（冯有光刻）

高 160 mm　长 31 mm　宽 31 mm

▲绿松石雕猴钮印章

高 49 mm　宽 29 mm

高 45 mm　宽 48 mm

▲广东绿石对章

高 65 mm　长 25 mm　宽 25 mm

▲寿山黄独石薄意人物雕印章

高 30 mm

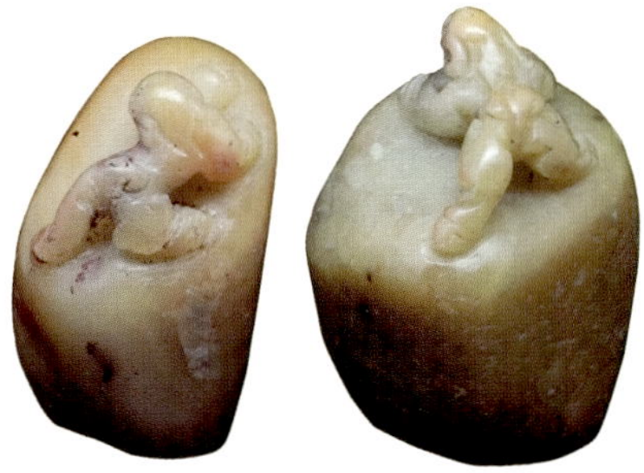

▲寿山随形对章（黄鞠刻）

▲印章（林纾刻）

高 70 mm　长 37 mm　宽 25 mm

▲玉印（李德光刻）

▲寿山芙蓉印章（唐醉石刻）

高 40 mm　长 36 mm　宽 36 mm

▲煤精石印章（邵松年刻）

高 97 mm　长 75 mm　宽 75 mm

▲寿山石印章（陈雷刻）

高 85 mm　长 75 mm　宽 75 mm

▲德化窑瓷印

高 70 mm　长 35 mm　宽 35 mm
高 55 mm　长 25 mm　宽 25 mm
高 52 mm　长 26 mm　宽 26 mm

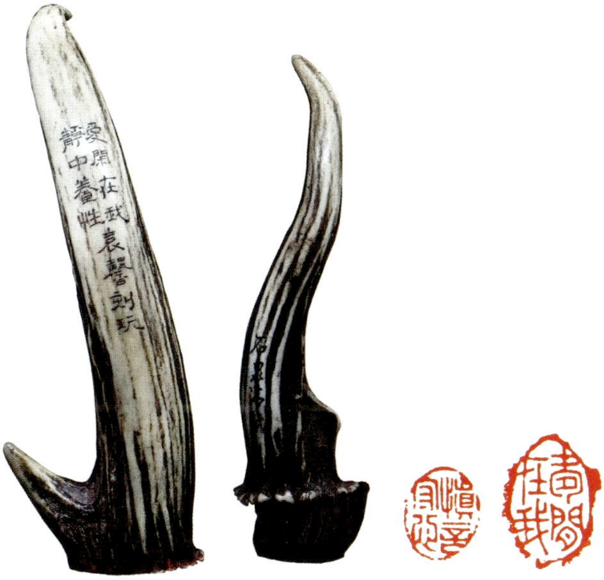

▲角雕对印（袁馨款）

长 92 mm　长 82 mm

▲印章（江恂刻）

高 76 mm　长 34 mm　宽 19 mm

▲寿山芙蓉石龙钮印章（苏鸿刻）

高 68 mm　长 60 mm　宽 40 mm

▲贴竹黄木印

高 43 mm　长 60 mm　宽 50 mm

▲象牙印章（井东居士刻）

高 53 mm　长 14 mm　宽 14 mm

▲琥珀印章

高 41 mm　长 25 mm　宽 15 mm

▲煤精石印章（濮森刻）

高 64 mm　长 33 mm　宽 33 mm

▲翡翠印章

高 60 mm　长 18 mm　宽 12 mm

▲鸡血石对章

高 103 mm　长 24 mm　宽 22 mm
高 107 mm　长 23 mm　宽 22 mm

▲芙蓉石随形印章（袁萼刻）

高 43 mm　长 30 mm　宽 30 mm

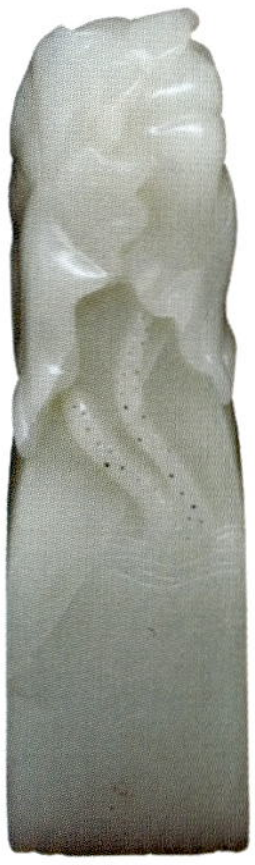

▲芙蓉石印章（赵魏刻）

高 77 mm 长 23 mm 宽 15 mm

▲寿山芙蓉石印章（袁棠刻）

高 64 mm 长 30 mm 宽 23 mm

▲寿山芙蓉石印章（丁世峄刻）

高 75 mm 长 43 mm 宽 16 mm

▲芙蓉石印章（辛壶刻）

高 85 mm 长 28 mm 宽 18 mm

▲芙蓉石印章（毛庚刻）

高 85 mm 长 35 mm 宽 35 mm

▲寿山芙蓉石喜上眉梢钮印章（朱积诚刻）

高 43 mm 长 38 mm 宽 38 mm

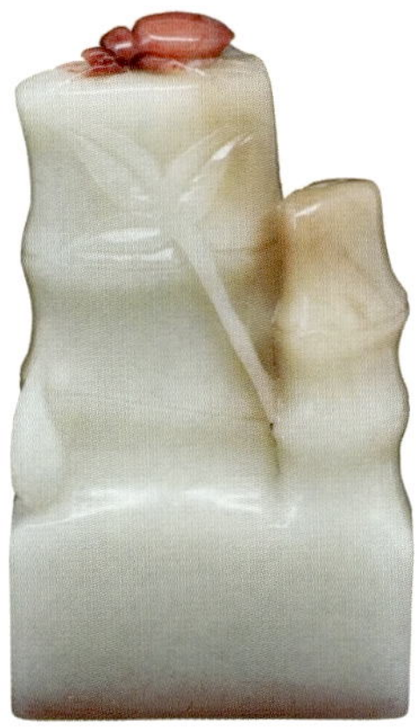

▲芙蓉石竹节形印章（阮煜刻）

高 72 mm　长 42 mm　宽 18 mm

▲竹根印章（楼辛壶款）

高 75 mm

▲和田玉桥钮印

高 33 mm　长 43 mm　宽 18 mm

▲象牙雕人物钮印

高 65 mm

▲罗汉钮竹根印

高 65 mm

▲青金石雕寿星印（复初款）

高 90 mm　长 35 mm　宽 15 mm

▲沉香木雕印

高 40 mm　长 50 mm　宽 15 mm
高 60 mm　长 45 mm　宽 30 mm
高 50 mm　长 30 mm　宽 15 mm
高 40 mm　长 30 mm　宽 20 mm
高 30 mm　长 45 mm　宽 20 mm

▲金钱蝙蝠钮和田白玉印

高 40 mm　长 30 mm　宽 30 mm

▲寿山石印章（竹梦生款）

高 220 mm　长 126 mm　宽 128 mm

## ◆ 印泥盒及其他

印泥盒形式不一，以扁圆矮小者为常见，内盛印泥处十分平浅。所用材料有玉、石、竹、木、角、漆、金、银、铜、铁、象牙等多种，造型各异，雕琢精妙，可用可赏。以瓷质者为最佳，前人有“印色池，唯瓷器最宜”之说。

▲雕山水人物纹瓷印泥盒（李裕成款）

直径 90 mm

▲雕瓷印泥盒一对（陈国治款）

直径 64 mm

▲雕瓷印泥盒（陈国治款）

直径 40 mm

▲雕瓷印泥盒（陈国治款）

直径 49 mm

▲博古纹瓷印泥盒

长 96 mm　宽 72 mm

▲江崖海水纹粉彩描金印盒一对

高 40 mm　长 78 mm　宽 78 mm

▲山水纹印泥盒（石奇峰款）

直径 88 mm

▲浅绛彩高士图印泥盒

直径 78 mm

▲雪景图印泥盒（何许人款）

直径 78 mm

▲山水纹印泥盒（邹文侯款）

直径 103 mm

▲花鸟纹印泥盒（邓肖禹款）
直径 103 mm

▲花鸟纹印泥盒
直径 72 mm

▲花鸟纹印泥盒（邓肖禹款）
直径 103 mm

▲瓜瓞绵绵纹印泥盒
直径 97 mm

▲紫檀印章盒一对
高 60 mm

▲印规（叔重款）
长 90 mm　宽 55 mm

# 案堂雅器

# 【仙佛】

## 仙佛造像——菩提非树镜非台

公元前6世纪，佛教起源于古印度地区。佛教造像的起源可以追溯到佛在世时，其目的在于弘扬佛法、供人敬奉等。随着佛教经丝绸之路传入我国，佛教造像艺术不断吸收、融汇中国的艺术审美，逐步形成了具有鲜明民族特色、深刻文化内涵和显著时代特征的中国佛教造像艺术体系。

佛像的形体、容貌和姿仪皆是祥和、宁静、庄严。其种类很多，就佛像的对象而言，有释迦牟尼佛、观音菩萨、文殊菩萨、普贤菩萨、药师佛、地藏王菩萨、弥勒佛、白财神、黑财神、绿度母等；依佛教的传承而言，有藏密、汉传等;就佛像的材质而言，有金、铜、石、木、泥塑、陶瓷等;从佛像姿势来说，有立像、坐像、倚像和卧像等。

随着佛教文化与中国文化的深度融合，仙佛造像也逐渐从信徒顶礼膜拜的宗教用品发展为具有极高审美价值的艺术品、收藏品。形形色色的佛造像各具深义，形态尤其多变，有无限的思索空间和极高的观赏价值。随着时代的变化，佛像虽然仍以佛教人物为题材，却不再拘泥于宗教造像的仪轨。在表达宗教神圣性的同时，也体现出不同时代的艺术个性和审美见解。如魏晋南北朝时期的“瘦骨清像”，传递着怊怅沉吟的“建安风骨”；唐朝造像的华严大气，则体现出唐代雍容大度、海纳百川的辉煌气象；宋代的佛造像则更倾向于“典雅秀美”，反映出宋时深沉内敛、幽婉隽雅的审美风格。明代更将关公拉入释班，将其作为武财神和伽蓝菩萨供奉，这个传统一直流传至今。

中国文人与佛同样颇有渊源。中国文化的历史长河中，佛家的“万法皆空”和道家的“虚静为本”自然合流，相互渗透，佛教也出现了中国化的“禅宗”。“禅宗”强调心灵的觉醒和直觉，在肃穆的修悟中，使人的内心获得宁静自在，这与中国文人对精神世界的追求不谋而合。特别是每当政治倾轧等“入世”的痛苦不可承受，文人退而独善其身，在禅宗的世界里摆脱精神的困境，有诗云:“门庭清妙即禅关，枉费黄金去买山。只要心光如满月，在家还比出家闲。”

“一切万法，尽在心中”。大慈、大悲、大喜、大舍的四无量心，是完满与高尚的清净心，也是佛度化一切众生的本心。佛的清净无染，呼应了士大夫对内心纯粹的坚守和珍重；佛的普度众生，又契合了中国文人兼济天下的精神追求。中国文人的书房，正是一个与外部喧嚣世界隔离，能够“坐观万景得天全”的明妙之境。于是，中国文人把矗立在山壁古寺中的巨大佛像，浓缩为小巧的摆件，案头壁间，咫尺千年。烦恼痛苦之时，与佛静默相对，“照见五蕴皆空，度一切苦厄”，故也能“以天眼观视世界”，生欢喜心，会心一笑。禅的乐趣，即在于斯，不能尽道。

▲三彩琉璃釉罗汉

高 340 mm

▲三彩琉璃釉观音

高 390 mm

▲粉彩描金珊瑚红寿星（游林记造）

高 221 mm

▲粉彩观音（魏洪泰款）

高 280 mm

▲青白釉观音

高 245 mm

▲沉香木雕观音

高 320 mm

▲粉彩竹叶观音（游伯椿造 福建会馆款）

高 342 mm

▲黄杨木雕观音

高 398 mm

▲沉香木雕罗汉

高 203 mm

▲沉香木雕寿星

高 305 mm

▲沉香木雕瘦骨罗汉

高 220 mm

▲沉香木雕福禄寿星

高 340 mm

▲沉香木雕福禄寿三星

高 175 mm　高 175 mm　高 172 mm

▲黄杨木雕刘海戏金蟾

高 350 mm

▲红木雕达摩像 [ 阮金（越）款 ]

高 251 mm

▲紫檀雕文曲星

高 190 mm

▲黄杨木雕知音

高 208 mm

▲木雕观音

高 615 mm

▲铜胎漆金观音造像

高 410 mm

▲铜漆金佛造像

高 375 mm

▲寿山石雕太白金星

高 191 mm

▲蜜蜡雕观音

高 172 mm

▲蜜蜡雕八仙

高 68 ~ 72 mm

▲琥珀雕达摩像

高 73 mm

▲蜜蜡雕瘦骨罗汉

高 84 mm　高 58 mm

▲磁州窑狮吼观音

高 224 mm

▲琥珀雕十八罗汉

高 51 ~ 100 mm

▲黄杨木雕布袋和尚

高 268 mm

▲黄杨木雕刘海

高 255 mm

▲黄杨木雕寿星

高 380 mm

▲沉香木雕观音

高 236 mm

▲沉香木雕佛祖

高 160 mm

# 【花器】

## 文房花器——小瓶谁寄一枝春

“天地有大美而不言”。我们对美的感受，可以从一朵花的绽放开始。世间百花兀自开放，或含羞或怒放，或素雅或艳丽，或清芬或馥郁，在不经意间，呼应了人生中的低落与高亢、恬淡与振奋、感伤与欢欣，唤醒了我们对生命之美的领悟。

对花的怜惜和珍重，催生了对美的追寻和创造。自远古起，人们便开始在居处种养花卉草木，公元前 1000 多年的甲骨文上，已经有栽培花卉的记载。而中国文人对“天人合一”“道法自然”的精神追求，在莳花弄草中更得到淋漓尽致的体现。文人常以花材自比，影射当时心境，寄托志向气节，如梅之傲骨、兰之清幽、菊之高洁、竹之劲拔，四时花木被赋予独特的个性和精神品格，而这些投射在花上的态度和情感也在一代代文人的承继中，成为中国人普遍的认知和特有的文化基因。

插花赏花也由此成为中国文人精神生活不可或缺的一部分。中国文人之插花起于魏晋南北朝，兴于隋唐，宋朝达到鼎盛。文人插花，追求“虽由人作，宛若天开”的境界，深取自然之趣又暗合自然之理。其美学与中国书、画同源，讲求师法自然，忌繁复而尚简素，以“多多许，不如少少许”为原则，大瓶插花，忌讳过度修饰，追求率性随意，自然流畅；小瓶则宜瘦巧，不宜繁杂，插一枝必得一枝独秀，插两枝则两相唱和，这里面其实蕴含中国古人独特的审美趣味，突出简淡天真、清疏秀逸，以“留白”彰显空灵之美。形容插花最为雅致的是林洪于《山家清事》中详叙的“梅花纸帐”，即用藤皮茧纸（剡溪所产质地最佳）围成纸帐，帐柱上挂锡瓶，插入新折的梅枝。静夜，月光透过纸幔，叠映出横斜疏影，浮动着幽幽清香，风雅之至。

插花的盛行必然离不开对花器的考究。花器于花，一如山川于草木，皆源于自然。时节不同，花亦不同；花材不同，器亦不同。或盘，或瓶，或缸，或鼎，或篮，乃至一杯、一碗、一筒，亦可与花为器、相映成趣。周瘦鹃先生在文章《得水能仙天与奇》中称：“六朝人称水仙为雅蒜。我前年从古董铺中买到一个不等边形的汉砖所琢成的水仙盆，上刻‘雅蒜’二字，署名‘之谦’。岁首供崇明水仙十余株，伴有荆州红石子，饶有画意。”花器不在贵重，而在“画意”二字，拟容取心，殊胜妙乐。又有沈复于《浮生六记》中言：“以老莲子磨薄两头，入蛋壳，使鸡翼之，俟雏成取出，用久中燕巢泥加天门冬十分之二，捣烂拌匀，植于小器中，灌以河水，晒以朝阳，花发大如酒杯，叶缩如碗口，亭亭可爱。”文人雅趣，宛在眼前。

花器中，最常见是花瓶。瓶，谐音“平”，取平安吉祥之意，材质有金属、陶瓷、紫砂、玉石、琉璃、雕漆、铜胎掐丝珐琅等；器型有胆式瓶、双耳扁瓶、直颈瓶、梅瓶、春瓶、瓜棱瓶、贯耳瓶、合欢瓶、葫芦瓶等。在明晚期，更是形成了一套完备的品瓶原则，明代高濂的《遵生八笺》中有《燕闲清赏笺》专章论述，张丑的《瓶花谱》、袁宏道《瓶史》更是瓶花品鉴的专著。花器的选择，因时因地各有不同，《瓶花谱》有云：“春冬用铜，夏秋用磁（通‘瓷’），因乎时也。堂厦宜大，书室宜小，因乎地也。贵磁铜，贱金银，尚清雅也。”袁宏道亦云：“皆须形制短小者，方入清供，不然与家堂香火何异，虽旧亦俗也。”

书斋，是文人清居之所，花器以雅致古朴为佳。高濂对此有专门的论述：“若书斋插花瓶，宜短小，以官哥短瓶、纸槌瓶、鹅颈瓶、花觚、高低二种八卦方瓶、茄袋瓶各制小瓶，定窑花尊、花囊、四耳小定壶、细口扁肚壶，青东磁小著草瓶、方汉壶、圆瓶，古龙泉蒲槌瓶，各窑壁瓶，次则古铜花觚，铜觯、小尊罍、方壶、素温壶、匾壶，俱可插花。又如，饶窑宣德年烧制花觚、花尊、蜜食罐，成窑娇青蒜蒲小瓶、胆瓶、细花一枝瓶、方汉壶式者，亦可文房充玩。”

“阶草侵窗润，瓶花落砚香”，绵延千年的瓶花清供，滋养沁润了中国传统文人的精神生活。时光变迁，当年花谢，唯留花器令人回味，像是一枚枚珠玉，镌刻着厚重的岁月痕迹，在四季轮回中，叙述着生命的起承转合。

▲山水图棒槌瓶（张志汤款）

高 370 mm

▲石鼓文砖铭花卉纹紫砂段泥花瓶（宝根款）

高 470 mm

▲浅绛彩八方瓶（程次笠款）

高 251 mm

▲青花釉里红鱼纹福禄瓶（大明隆庆年造款）

高 273 mm

▲粉彩开光人物纹瓶（马庆云款）

高 278 mm

▲浅绛彩花瓶（胡荣发款）

高 282 mm

▲磁州窑褐彩开光婴戏图梅瓶

高 250 mm

▲青釉双鱼背带瓶

高 203 mm

▲粉彩人物图花瓶（品玉轩款）

高 375 mm

▲天青釉天球瓶

高 228 mm

▲仙槎款粉彩花插一对

高 95 mm

▲浅绛彩山水图瓶（徐善琴款）

高 230 mm

▲炉钧釉贴塑龙纹梅瓶

高 342 mm

▲青花梅瓶

高 143 mm

▲苹果绿瓷塑龙纹瓶

高 348 mm

▲莲瓣纹青釉梅瓶

高 310 mm

▲霁蓝釉灯笼瓶

高 163 mm

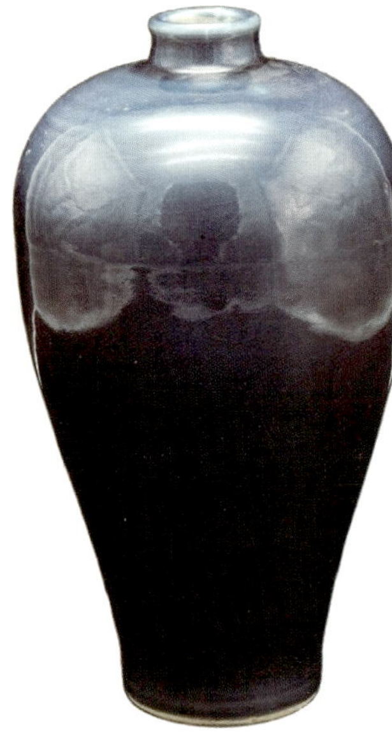

▲霁蓝釉梅瓶

高 317 mm

▲磁州窑紫金釉鸡腿瓶

高 322 mm

▲龙泉窑青瓷贯耳瓶

高 180 mm

▲磁州窑剔刻花卉纹玉壶春瓶

高 158 mm

# 【陈设】

## 唯有清香似旧时

### ——漫谈文房清玩

拥有一间静谧、文雅的书房大概是所有文人雅士的梦想。一间斗室、一几案头，是读书人修行的道场。李日华《味水轩日记》记载他造访汪氏东雅堂所见墨华阁的摆设:“列大理石屏四座，石榻一张，几上宋板书数十函、杂帖数十种、铜瓷花觚、洗之属，汪君所自娱弄，以绝意于外交者也。”一众雅玩古董，勾勒出文人风雅高洁的私人生活空间。

文房之美，是闲适之美。案牍劳形之余，或养心，或消遣，或吟哦，又或焚香、烹茶、插花、挂画、抚琴、对弈，与先贤对话，同雅客清谈，妙不可尽，其乐无穷。这一份闲趣，是古代文人的生活态度，更是文人美学的自我修为。书斋的慢生活，让文人得以从凡俗庸常中解脱出来，有时间去体味和思考人生的奥义，虚己以游世，乘物以游心。

正因文房生活的闲适与丰富，君子清居所伴之物，除却文房四宝，也少不了各类清供珍玩，如香具、茶具、花具、金石、雕件等。凡此种种，或世代传承，或寻访收藏，或精心创作，大多形微身盈，立意清新，聚工巧而集大美，可谓“室中琳琅多韵致，人间燕闲胜桃源”。

“案头清供是君子之心”，书斋长物，绝不仅仅为满足悦目之欢，更在于对心性品格的滋养，只因真善之物，皆有其德行。书房中每日静默以对的文房佳器，则更是文人生命中的益友，陶其情，养其气，诚可久居长伴。如宋人赵明诚集金石，明人项子京蓄书画，清人吴大澂藏碑拓，皆是对长物的热忱，更是对生命的一种润泽。

君子格物，安闲意，志情趣，此为清玩雅赏之道。明人董其昌于《骨董十三说》中谓:“若与古人相接欣赏，可以舒郁结之气，可以敛放纵之习。”文人的案头摆设哪些清玩？因何用？因何设？又寄托了主人的哪些情思？探究之下，竟有无限意味。这些器玩供具虽相伴无言，却如同面对平生知己。文人在这里独处，不记尘烦，择善而赏，用最纯真的乐趣，颐养出最纯粹的自己。

人生万事消磨尽，唯有清香似旧时。藏玩格物，使之有传，大抵是文人心中所愿。我不是藏家，但收藏赋予我无尽的乐趣，寻觅之，偶遇之，玩赏之，传承之，别见文人风骨，自成一隅世界，静中观照，澄怀涤虑。正如张伯驹在他的收藏之书中所写:“予所收蓄，不必终予身为予有，但使永存吾土，世传有绪。”

▲寿山石雕

高 145 mm

▲寿山石雕山水人物（郑文焯藏品）

高 178 mm

▲寿山石雕山水人物

高 220 mm

▲寿山石雕鲤鱼跃龙门

高 137 mm

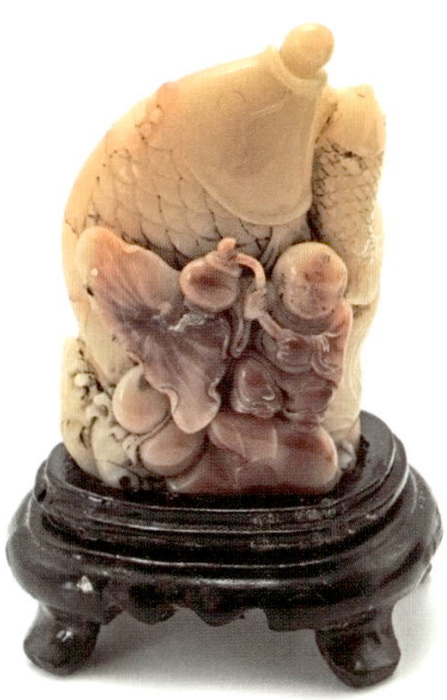

▲寿山石雕吉庆有余

高 85 mm

▲寿山石雕花篮

高 195 mm

▲寿山石雕瓜瓞绵绵

高 115 mm

▲寿山石雕吉庆童子

高 55 mm　高 70 mm

▲寿山石雕滚马图（陈敬祥雕）

高 95 mm

▲寿山石雕双马图

高 73 mm

▲红绿彩鱼盘

直径 273 mm

▲海棠形雕花卉纹玛瑙盘

高 40 mm

▲墨彩山水图瓷盘（石奇峰款）

直径 239 mm

▲粉彩花鸟瓷盘（许达生款）

高 296 mm

▲粉彩瓷器（熊晓峰款）

碟直径 219 mm　壶高 99 mm　花插高 190 mm

▲粉彩花鸟纹盘（邓肖禹款）

直径 129 mm

▲熊猫图盘（章鉴款）

直径 236 mm

▲墨彩山水图瓷盘（王云泉款）

直径 205 mm

▲磁州窑白釉剔刻莲花纹瓷枕

长 135 mm

▲磁州窑人物花鸟纹瓷枕（张家造款）

长 380 mm　宽 180 mm　高 126 mm

▲虎形黑釉褐彩瓷枕

长 282 mm

▲仕女莲花荷叶形褐彩花卉纹瓷枕

长 270 mm

▲青花文字纹瓷枕

长 130 mm

▲三彩瓷脉枕

长 83 mm

▲沉香木雕犀牛

长 130 mm　高 50 mm

▲沉香木雕老虎

长 290 mm　高 103 mm

▲沉香木雕如意

长 344 mm　长 340 mm　长 320 mm

▲携琴访友图沉香木雕杯

高 96 mm

▲山村农舍瓷板画屏（陈子尝款）

高 710 mm

▲福禄寿瓷板画（品玉轩主）

长 276 mm　宽 198 mm

▲佛法广传图瓷板画（梁兑石款）

长 236 mm　宽 154 mm

▲瓷板画（蒋玉卿款）

长 413 mm　宽 302 mm

▲三彩胡人埙

高 42 mm

▲褐彩开光花鸟人物缸

高 520 mm

▲紫檀嵌寿山石如意

长 373 mm

▲琥珀鸡一对

高 144 mm　高 110 mm

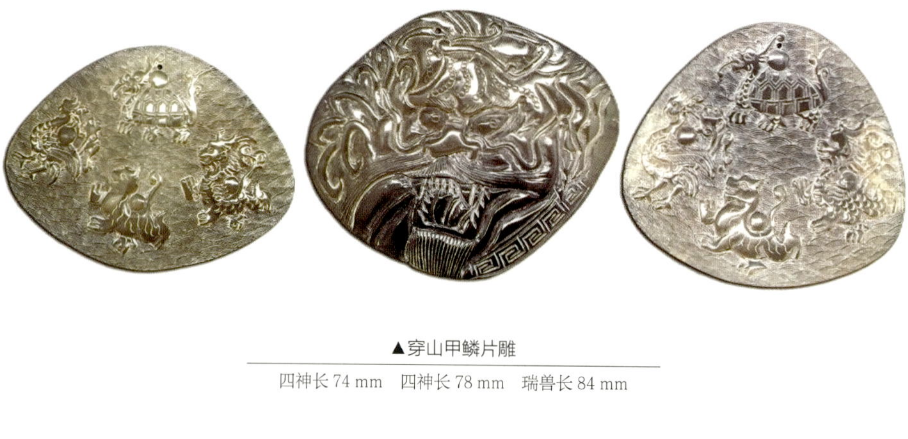

▲穿山甲鳞片雕

四神长 74 mm　四神长 78 mm　瑞兽长 84 mm

▲红绿彩童子

高 198 mm

▲瓷雕

高 260 mm

▲粉彩瓷尊（溪源老人款）

高 220 mm

▲六边形花鸟图帽筒（福顺款）

高 290 mm

▲三彩鼓形座

直径 160 mm

▲青花人物开光图胭脂红釉文房缸

高 220 mm　口径 250 mm

▲粉彩花卉纹文房缸

高 220 mm　口径 250 mm

▲龙泉青瓷文房缸

高 170 mm　口径 210 mm

▲青花人物纹文房缸

高 170 mm　口径 220 mm

▲磁州窑牡丹纹文房缸

高 210 mm　口径 220 mm

▲霁蓝釉文房缸

高 100 mm　口径 120 mm

▲霁蓝釉文房缸

高 90 mm　口径 130 mm

▲红釉文房杂物缸

高 123 mm

▲瓷象棋一副

直径 56 mm

▲沉香木雕围棋罐

高 110 mm　口径 100 mm

▲相州窑围棋盘

长 195 mm　宽 195 mm

▲青花瓷围棋罐

高 116 mm　口径 121 mm

▲玛瑙围棋子（361 粒）

直径 16 mm

# 【香具】

## 天香炉韵
### ——一缕炉烟承古今

近十年来，以沉香为代表的各种天然香料再一次走进国人视野，中国的香学、香文化又一次为文人学者念道，成为一种时尚，文人墨客的识香、品香、斗香成了一种文化素养的修炼。

香事，雅事中之雅事。品香作为中国古代四大雅事之一，萌发于先秦，初成于秦汉，成长于魏晋南北朝，完备于隋唐，鼎盛于宋元，广行于明清。

北宋丁谓《天香传》中说：“香之为用，从上古矣。”据载，人们从新石器时代开始用香，那时日常生活中的香主要用于驱虫、香身、居室熏香等，香料种类少且为天然之物，多为佩兰等香料。两汉时期，随着对外贸易的发展和丝路的开通，用香步入了快速发展时期。魏晋南北朝时，随着佛教东传，香逐渐进入士大夫生活，香料日益增多，出现了专门的“香市”。

隋唐时期，焚香开始在民间普及，香料用量增大，品种也不断增加。到了五代，香的使用更加平民化、生活化，国外大量的香料进入中国，如苏合香等。宋代的用香进入鼎盛时期，这与我国高坐具的发展成熟密切相关，围绕着香的制作和使用形成了一个发达的产业。在各类仪式中都盛行用香，文人更是普遍用香，出现了许多专著和以“香”为主题的文学作品。香料贸易也空前繁荣，较为重要的香料有龙涎香、龙脑香、沉香、乳香、木香、降真香等。香料的充足，使宋代香事活动普及和发达，香与人们生活越来越密切，北宋张择端的《清明上河图》中就有多处与香有关的场景。宋代文人已将品香升华为生活的艺术，追求日常生活的禅意是宋代士人焚香的一种境界。其时士人的焚香，融入原本实实在在的日常生活，后世看的是风雅，而在当时，可说风雅处处是平常。面对生活中的不如意，焚香和品香还是一个疗救的方式。

元代在香的使用上又有新的发展。在上层社会，香可以服用以养生，同时香还广泛用于煮水沐浴，祛除湿气，滋润皮肤。

到了明清时期，香的使用更加普及，用香、制香不断发展，香文化日趋成熟。焚香、薰香已成为人们日常生活不可缺少的部分，与佛事、祭祀联系的线香及篆香普遍使用，高品质的香料如沉香、檀香、龙涎香、麝香等成为皇室贵胄、商贾巨富的消费品。人们对香已不是单纯地从气味上认知，而早已升华到了精神世界这一层面。

古人玩香，玩的是文化品位，而在当下香文化的回归，更透露出现代人对内心平和、通透的精神追求。

自然界的香料多样，沉香是人们心中公认的香王。世界三大宗教佛教、基督教、伊斯兰教和我国本土的道教，尽管教义不同，却都有一个共同的信物和供奉的圣物——沉香。《圣经》中记载，沉香是耶稣降世前三位先知带来世间的三件宝物之一。佛经中把香称为佛使，意为香气能通达人之内心，为佛所使。《香界》云："花气无边曛欲醉，灵氛一点静还通。"佛寺称为"香界"，礼佛、供佛用品称为香品；以沉香为主要原料调制而成的香料，称为"香烛""香火"。道教在降魔驱邪的仪式中燃烧沉香，象征天地间和合盈盛之气；在道家养生中，沉香是修持中悟入圣道必备的珍品，传说中更有仙人不食人间烟火，以香气为食之说。

沉香还是一味良药，李时珍在《本草纲目》中对沉香的药理进行了注解。海南黎族村寨一直有焚香驱除瘟疫的传统。现代药理研究发现，沉香挥发油对中枢神经系统有影响，其香气成分具有镇静安神的作用，同时还有益胃肠健康。

史记沉香在唐代传入广州，其时海南产的白木香已列入土贡，而沉香为世所重则是在宋代。宋人黄庭坚的"香之十德"中提到沉香能"感格鬼神，清静心身，能除污秽，能觉睡眠，静中成友，尘中偷闲，多而不厌，寡而为足，就藏不朽，常用无障"。

传统的焚香如同品茗，环境幽雅，器具精美，是文人生活与社交的重要内容。唐代以前称为"焚香"，唐代开始有了"香事"的称谓，宋代便有了"香席"一名。古人焚香多熏焚香粉，如篆香、线香，故有"一篆香的工夫，一炷香的时间"之说。待有佳宾，便以隔火埋炭的方式，将久藏珍贵的香材放在银叶上慢慢煎来，奇香丝丝缕缕沁人心脾，不见烟气，但见人醉。这种方式为隔火熏烟，也是今人比较热衷的"香道"品闻主流方法。

品香须借助于各类香具，这些香具也是中国文化的重要组成部分。香具有香料存储器具，如香盒、香宝子、香袋、香囊等，还有各类燃香器具，如香炉、香薰、香筒、香盘、香插等，以及香几、香匙、火箸等燃香辅助器具，而其中最主要的为香炉。

香炉不仅是焚香的工具，更是一种赏玩品，一炉之雅，四时雍容。随着香料的更替和焚香方式的变化，香炉也在不断改变。从汉代盛极一时的博山炉，到南北朝隋唐与佛教文化中莲花结合的莲瓣蟠龙博山炉、手柄添饰莲花香炉、香宝子等。唐宋对香炉极其讲究，唐风雄丽，宋制秀雅。宋代的香炉分为封闭式和开放式两种类型，前者有盖，后者则无，今一般称封闭式为熏炉，开放式为香炉。

随着陶瓷技术的完善，各类瓷熏香炉应运而生。瓷炉具备铜炉没有的隔热、无杂味、易清洁的特点。宋代五大名窑（汝、定、哥、官、钧）及八大名窑系（定窑系、磁州窑系、耀州窑系、钧窑系、景德镇窑系、龙泉窑系、建窑系、吉州窑系）相继生产各类形态、颜色和风格的瓷炉、莲衣炉、高脚杯式炉，既可熏香，又能装点居室、提高生活品位，在香道的普及史上充当了重要角色。其中仿古式香炉最具特色，其型直接取夏商周三代乃至秦汉的铜鼎、铜簋、铜鬲，如哥窑鱼耳炉，龙泉窑梅子青鬲式炉，汝、定、龙泉窑奁式炉。范成大《古鼎作香炉》云：“云雷萦带古文章，子子孙孙永奉常。辛苦勒铭成底事？如今流落管烧香。”

香与香具实已融入两宋时代充满细节的生活故事。宋人的香诗和香事相依相偎，那是现代生活中完全消失的气息。宋人杨万里在《烧香七言》中有“琢瓷作鼎碧于水，削银为叶轻如纸。不文不武火力匀，闭阁下帘风不起”，非常形象地描述了燃香纯净自然，中庸和谐的境界。陆游《春雨四首》之三云：“胸怀阮步兵，诗句谢宣城。今夕俱参透，焚香听雨声。”诗的悟道，或也在绵绵霭霭的香韵中。

两宋名窑的仿古香炉，尺寸都很小，高度多在十厘米左右。而元代香炉承袭宋制，但少了秀逸之气，且香料的加工方式有改变。线香的出现带来了燃香之器的变化，隋唐盛行的香宝子逐渐退出，香筒出现并盛行于明清两代。

明清香炉的制作样式多以仿古为主，瓷、铜、玉、珐琅、漆、金、银、锡、木、竹等多种材质并存。最为著名的是明代“宣德炉”，有文房诸器之首的说法，用暹罗国风磨铜，通过十二次炼制，参照古器之款式及宋代仿古瓷炉典雅者，铸造出铜器古朴的造型，以简单柔和的曲线而现出意态端严，炉色精光内敛更成就它的气度雍容。撷得宋炉之韵，后世难有匹敌。清代有很多仿品，其中不乏精好之作，为文人雅士的案头清玩，是为香炉中的别品，焚香之用倒在其次。出于宝惜，为作清玩的香炉配置底座和盖便成为风气。特别是元代及晚明之前制作精巧的玉帽顶，雕饰的秋山与春水、鹭鸶与荷叶，祥云牡丹中，求其古雅之趣，更作为炉盖上之宝钮配饰，成为书斋雅玩之物。

沉香雕刻，自古有之，日本的正仓院收藏有唐代的沉香及其制品。明清时期，沉香受手工艺人的关注，出现了大量的沉香木雕刻艺术品，如笔筒、佛象、如意，还有这个时期广为流行随身佩戴的戒牌、朝珠、手串等。沉香散发着清芷之芬，透着露华之鲜，无烟火之气，具空灵之味，能表现出特有的静气和禅味，具有独特的艺术语言。而沉香木雕创造性地将视觉欣赏与嗅觉享受相结合，使观者在品赏雕刻品物时，也能体会其他材质雕刻所没有的醇郁气息，心生欢喜，心旷神怡，进入思虑皆消的恬静状态。

胪陈历代香具精华，如对着一架琳琅满目的多宝格，如同宋人画中常出现的那一个小炉，几缕青烟，非如后世多把它作为风雅的点缀，而是本来的一种生活情趣。

▲云龙纹镂空雕玉冠顶

高 50 mm

▲一鹭莲科纹镂空雕玉炉顶一对

高 54 mm

▲一鹭莲科纹镂空雕玉炉顶

高 45 mm

▲莲花形玉香插

高 52 mm

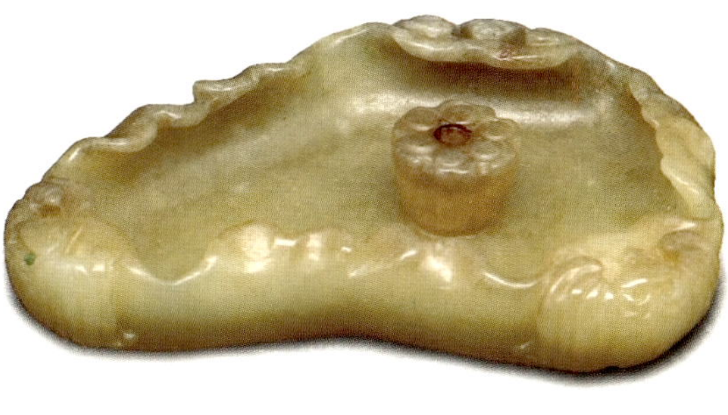

▲荷叶蝙蝠纹玉香插

长 80 mm

▲莲花瓣形玉香插

直径 50 mm

▲花瓣形玉香盒

直径 68 mm

▲蝴蝶花纹琉璃釉瓷香盒

直径 110 mm

▲青白釉香盒

直径 91 mm

▲点褐彩鸟形青白釉瓷香盒

直径 50 mm

▲蝶纹白釉点褐彩瓷香盒

直径 90 mm

▲三彩八方形香盒

直径 45 mm

▲白釉点褐彩香盒

高 48 mm

▲竹石纹玉香盒

直径 55 mm

▲玳瑁香盒

直径 58 mm

▲凤鸟剔刻莲瓣纹香盒

高 92 mm

▲石榴形瓷香盒

高 40 mm

▲三彩香盒

直径 75 mm

▲螺钿漆香盒

高 43 mm

▲竹雕八宝香盒

直径 83 mm

▲嵌银饰弦纹炉（石叟款）

高 120 mm　口径 152 mm

▲嵌银饰钵式炉（石叟款）

高 108 mm　口径 108 mm

▲阿拉伯文羊耳铜炉

高 108 mm　口径 86 mm

▲象耳嵌银饰马槽炉

高 108 mm　长 160 mm

▲阿拉伯文铜炉

高 96 mm　口径 123 mm

▲海棠形铜香炉

高 74 mm

▲鼎式仿古铜香炉

高 70 mm　口径 58 mm

▲双耳铜炉（琴书侣款）

高 131 mm　口径 102 mm

▲青釉香炉

高 90 mm　口径 114 mm

▲青釉刻花瓷香炉

高 152 mm

▲龙泉窑瓷香炉

高 70 mm　口径 85 mm

▲龙泉窑竹节纹香炉

高 83 mm　口径 93 mm

▲钧窑香炉

高 81 mm　口径 51 mm

▲龙泉窑八卦纹香炉

高 103 mm　口径 120 mm

▲白釉香炉

高 50 mm　口径 78 mm

▲龙泉窑鱼耳香炉

高 90 mm　口径 72 mm

▲玉香炉

高 46 mm　口径 45 mm

▲镂雕花卉纹绿松石香囊

直径 48 mm

▲三彩香囊

直径 63 mm

▲球形和田玉香囊

直径 28 mm

▲翡翠香囊

长 45 mm

▲镂雕喜鹊登梅和田玉香囊

直径 55 mm

▲羊头双耳玻璃香水瓶

高 118 mm

▲绞胎玻璃香水瓶

高 172 mm

▲玻璃香水瓶

高 120 mm

▲葫芦嵌松石银香薰

高 110 mm　口径 130 mm

▲镂空半月形和田白玉香薰

直径 63 mm

▲青白釉瓷香薰一对

高 57 mm　直径 33 mm

▲紫檀雕灵芝纹香薰筒

高 275 mm

▲黄杨木雕香熏

高 100 mm　底径 65 mm

▲和田白玉春水纹香薰

高 56 mm　直径 58 mm

▲绿釉瓷香薰

高 43 mm　口径 53 mm

▲寿山石雕香薰

高 70 mm　口径 48 mm

▲青白釉香薰

高 85 mm　口径 82 mm

# 【茶器】

## 茶香古器

### ——茶烟透窗魂生香

中国是茶的原产地，是世界上最早发现和利用茶树的国家。唐代陆羽《茶经》记载:“茶之为饮，发乎神农。”《神农本草经》称:“神农尝百草，日遇七十二毒，得茶而解之。”迟至战国，茶之作用已被了解。经过近两千年的发展，喝茶不仅是中国人的日常需求，更是一种颇有意味的生活情趣，是一种生活化的艺术。空闲时品茶消闲，烦闷时饮茶清心，“琴棋书画诗酒茶”道出了中国文人雅士对茶的偏爱，苏东坡在《东坡赏心十六事》中有“客至汲泉烹茶，抚琴，听者知音”之句。

我国作为产茶大国，各类名茶比比皆是。根据加工方式和发酵程度的不同，人们习惯将茶分为六大类：绿茶、黄茶、白茶、青茶、红茶、黑茶。茶叶品种繁多，其性不同，适应于不同体质的人饮用。

绿茶是我国产量最多的一类茶叶，其茶色品种之多居世界首位，中国的十大名茶，绿茶独占六席。其具有“清汤绿叶”的品质，色泽绿润，滋味纯和而爽口，性收敛，叶底嫩绿明亮。

黄茶具“色黄，汤黄，叶底黄”的特点。外形金黄色，毫尖显露，芽壮叶肥，汤色橙黄，香气清高，滋味醇厚爽口。

传统白茶不炒不揉，片状条，因茸毛不脱、白毫满身而得名，茶芽完整，形态自然，白毫显露，香气清鲜，滋味甘醇，持久耐泡，可退热祛暑，有“一年茶，三年药，七年宝”之美誉。

青茶（乌龙茶）属半发酵茶，介于绿茶与红茶之间。它既有绿茶的鲜浓，又有红茶的甜醇，滋味甘醇，香气馥郁，讲究“韵味”，叶底有明显的绿叶红镶边的特征。

红茶是全发酵茶，加工时不经杀青，直接萎凋，使鲜叶失去部分水分再揉捻，然后发酵。其滋味醇和，汤色红亮鲜明，有麦芽糖香和焦糖香之韵味。其性温和，有温胃暖胃之功效。

黑茶属后发酵茶。口感爽滑温和，老茶醇厚顺滑，回甘持久明显，有陈香和药香，由于其独特的降脂、减肥功效受到世人的青睐。

从我国的历史来看，茶叶已深深地嵌入到了养生经验里。品茗论道，放松精神，茶以一种亲切、自然、拙朴的面貌融于中国人的生活之中，相伴数千年。

茶的制作加工和饮用也是不断发展变化的。汉代，饮茶在我国川蜀、中原、江南已经成为习俗。唐代，随着佛教的盛行，在参禅的文人们中，饮茶风俗、品饮技艺已法相初具，基本以饼茶为主，讲究“煮茶”或“煎茶”。

宋代是茶文化发展的重要时期，其饮法已从唐人的煎茶法过渡到点茶法，而“斗茶”更是宋代茶之特色，可谓穷精极巧、雅俗共赏、贫富咸宜。斗茶又称茗战，也就是比赛茶叶质量的好坏及点茶的技巧。“分茶”是宋代点茶技艺的最高表现形式，又称茶百戏、水丹青、汤戏，在点茶过程中追求茶汤的纹脉所成的物象，这种极富观赏性的茶艺，更是文人雅士的一种雅玩，并常常出现在宫廷茶事活动中。

明清时期茶的品饮艺术发生了划时代的变化，可谓返璞归真。明洪武二十四年（1391），朱元璋下诏废团茶，改贡叶茶（散茶）。饮茶为散茶所代替，碾末而饮的唐煮宋点饮法，变成了以沸水冲泡散茶的瀹饮法，明人认为这种品饮方法简单异常，天趣悉备，可尽茶之真味矣。从此散茶加工精细，各种品类和加工方法的茶种都应运而生，而品茗饮茶更被人们列为待客交友及日常生活的开门七件事之一。

我国茶的品饮方法由唐时“吃茶”、宋时“斗茶”、明时“泡茶”，发展到清代“沏茶”。茶之品饮艺术从唐宋时期宫廷、文士的雅赏与清玩，转变为社会生活的一个方面，至今深入市井，走向世俗，与人们的日常生活、伦常礼仪结合起来，逐渐形成一种普遍的民族风尚，达到品茗境界一个新的高度。

中国是茶的故乡，饮茶文化起源于中国。而组成中国饮茶文化的除茶以外，还有与茶息息相关、深厚悠久的茶具。西汉末年辞赋家王褒写了一篇《僮约》，其中就有“烹茶尽具”之说。不同时期造型各异的茶具，似乎在讲述古往今来的生动故事，展示了一个个栩栩如生的生活场景。

作为盛载茶的器具，茶具是我们鉴赏和品饮茶汤的媒介，器具精洁，茶愈为之生色。古人云：器为茶之父。茶具不仅是盛放茶汤的容器，而且是整个品饮过程中不可缺少的一部分。质地精良、造型优美、富有文化意蕴的茶具，对于衬托茶汤、保持茶香、提高品茶的情趣，都有着十分重要的作用。有怎样的茶和品饮方法，就有怎样的茶具，而历代的茶具也是为了适应各朝不同的茶和品饮习惯而生。

秦汉之前茶具与酒具、水具是通用的，真正意义上的茶具自西晋开始，盛于唐宋。唐代的审美与赏茶紧密相关，为观茶色，人们特别重视广泛使用的陶瓷茶具的造型和釉色，多喜素面而不重修饰。茶圣陆羽在《茶经》上说：“碗，越州上，鼎州次，婺州次；岳州上，寿州、洪州次。”宋代是中国历史上文化艺术十分繁盛的时代，茶在当时社会经济生活中发挥着非常重要的作用，茶事之盛也是空前的。宋代流行的煎茶、点茶之法，对茶具要求更为讲究和多样化。茶具中最重要的是注水的执壶和茶碗（盏）。南宋审安老人集宋代点茶用具之大成，用白描手法，画了十二件茶具图形，称为“十二先生”，有茶炉、茶碾、茶磨、水杓、茶罗、茶帚、盏托、茶杯、汤瓶、茶筅、茶巾等，而茶匙、茶针、茶漏、茶夹、茶则、茶筒更有“茶道六君子”之谓。宋代五大名窑及地方窑口烧制茶具之多、使用之广、装饰技法之繁、器型之美，都反映出茶具已广泛进入人们的日常生活。其以单色釉和窑变艺术效果为基本特点，在精湛的陶瓷工艺基础上力求质地纯真与形式的凝重与深沉。至于风靡一时的斗茶、点茶，因为要品观茶沫悬挂时间及颜色，易于观察盏中泛起茶沫的黑釉盏广受欢迎，建窑兔毫、鹧鸪斑茶盏至今仍广受追捧。

品茶是古代社会饮食文化中非常重要的一环，三分解渴七分品，宋代诗云："自从陆羽生人间，人间相学事春茶。"中国人历来讲究美食美器，饮茶之时更是讲究茶具的精致与适宜。特定的时代精神气质、文化环境和艺术氛围，也无不在茶具的创造与发展史中打上深深的烙印。

明清时代饮茶方法的改变，散茶瀹饮法的普及，带来茶具的大转变。此时茶具材质繁多、工艺复杂、造型多样、装饰瑰丽，达到实用与欣赏完美结合，如青花、白瓷、五彩，以及晚清以降的浅绛彩、粉彩等茶具。此外，茶壶与唐宋时的注子已有大的改变，不再是注水的工具，而可以直接泡茶，器形也变小，成了自斟自饮的佳具。自此，壶与杯成了最基本的茶具。更值得一说的是晚明兴起的宜兴紫砂茶具，其材质厚重质朴，众多文人的参与制作使其成为后世之艺术瑰宝。而盖碗由盖、碗及托三部分组成，象征着天、地、人三才，既是清代冲泡技艺日趋精湛的产物，也象征着中国人器用之道的哲学观。

"壶里乾坤大，杯中日月长"，静心品茶，宁静致远，三五好友相聚，在感觉、品评茶的真香、真味的同时愉悦身心、交友论道，果真如欧阳修云："泉甘器洁天色好，坐中拣择客亦嘉。"而茶道中所有用具，都是可供赏玩的艺术品，赏玩的过程也一一成为仪式。正是在这样的品茗活动中，人们得到由外到内、由物质到精神、由感官到心灵的统一和升华，达到物我两忘的境界。

▲黑釉鸡头壶

高 220 mm

▲青釉莲瓣纹鸡头壶

高 290 mm

▲青釉龙柄鸡头壶

高 225 mm

▲黄釉执壶

高 362 mm

▲黑釉陶执壶

高 76 mm

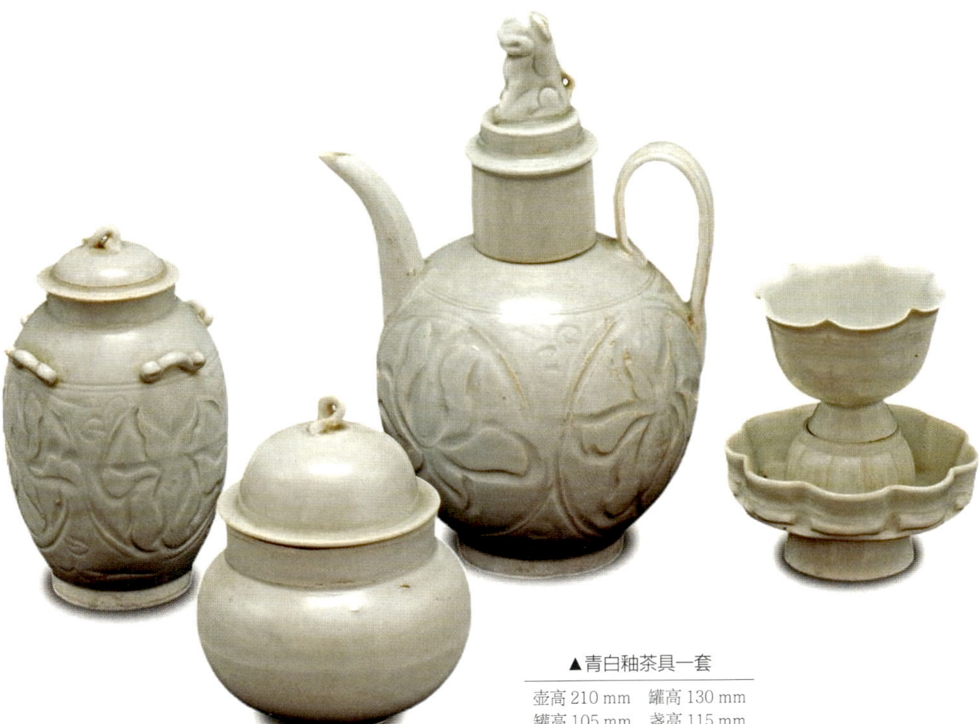

▲青白釉茶具一套

壶高 210 mm　罐高 130 mm
罐高 105 mm　盏高 115 mm

▲绞胎执壶

高 153 mm

▲酱釉兽头执壶

高 290 mm

▲粉彩山水茶壶（李镇生款）

高 90 mm

▲粉彩花鸟茶壶（刘仲卿款）

高 100 mm

▲浅绛彩人物茶壶（周筱松款）

高 76 mm

▲天伦之乐图茶壶（余远生款）

高 100 mm

▲粉彩山水茶壶（汪小亭款）

高 100 mm

▲秋风鸣蝉图茶壶（章仕保款）

高 102 mm

▲粉彩花鸟茶壶（方伯卿款）

高 105 mm

▲人物纹茶壶（吴俊款）

高 116 mm

▲瓷雕茶壶（陈国治款）

高 120 mm

▲茶叶末釉茶壶

高 90 mm

▲黄杨木雕提梁茶壶

高 166 mm

▲紫砂侧把壶

高 68 mm

▲黑釉虎头罐

高 150 mm

▲贴塑羊首绿釉罐

高 133 mm

▲三彩罐

高 78 mm

▲赣州窑柳斗纹茶叶罐

高 75 mm

▲磁州窑剔刻花茶叶罐

高 64 mm

▲青白釉荷叶瓜棱纹茶叶罐

高 130 mm

▲墨地素三彩喜上眉梢茶叶罐

高 168 mm

▲浅绛彩人物图茶叶罐（吴少峰款）

高 156 mm　直径 116 mm

▲青花人物图茶叶罐（徐菊亭款）

高 155 mm　口径 108 mm

▲青瓷耳杯

高 115 mm　长 95 mm

▲青瓷带托茶杯

杯高 88 mm　杯口径 64 mm
托口径 105 mm

▲洪州窑莲花带托杯

高 80 mm　口径 102 mm

▲绿釉鼓丁纹高脚杯

口径 113 mm

▲巩县窑白釉杯

口径 90 mm

▲白釉高脚带托杯

杯口径 95 mm　托直径 130 mm

▲黄釉绞胎带托高脚杯

杯口径 75 mm　托直径 85 mm

▲三彩釉茶杯

高 57 mm　口径 88 mm

▲青釉龙头八边形茶盏

高 35 mm　口径 85 mm

▲钧窑茶盏

直径 92 mm

▲黄釉剔刻花茶盏

高 53 mm　口径 88 mm

▲青瓷带托莲瓣纹茶盏

托口径 106 mm　杯口径 68 mm

▲龙泉青瓷带托茶盏

杯高 50 mm　杯口径 70 mm
托口径 134 mm

▲黑釉葵口斗笠盏

口径 120 mm

▲吉州窑茶盏

高 55 mm　口径 135 mm

▲吉州窑玳瑁斑茶盏

高 60 mm　口径 106 mm

▲绿釉剔刻花盏

高 45 mm　口径 105 mm

▲吉州窑剪纸贴花双凤纹盏

口径 115 mm

▲白覆轮茶盏

高 56 mm　口径 92 mm

▲建盏

高 69 mm　口径 106 mm

▲兔毫黑釉茶盏一对

高 45 mm　口径 107 mm

▲琉璃盏一对

高 23 mm

▲红绿釉盏

口径 80 mm

▲白瓷茶托

高 52 mm　直径 130 mm

▲德化窑梅纹茶杯

高 48 mm　口径 64 mm

▲青花釉里红茶杯

高 50 mm　口径 91 mm

▲墨彩梅兰竹菊图四方形茶杯（仙槎款）

高 45 mm

▲墨彩梅兰竹菊图茶杯（仙槎款）

高 48 mm

▲花鸟纹茶杯（石宇初款）

高 95 mm　口径 115 mm

▲粉彩花鸟纹茶杯一对（邓肖禹款）

高 126 mm　高 126 mm

▲青瓷茶碾

高 110 mm　宽 38 mm　长 195 mm

▲黑釉茶臼

口径 146 mm

▲钧窑渣斗

高 77 mm

▲青花釉里红茶臼

高 102 mm　口径 125 mm

▲琥珀渣斗

高 86 mm

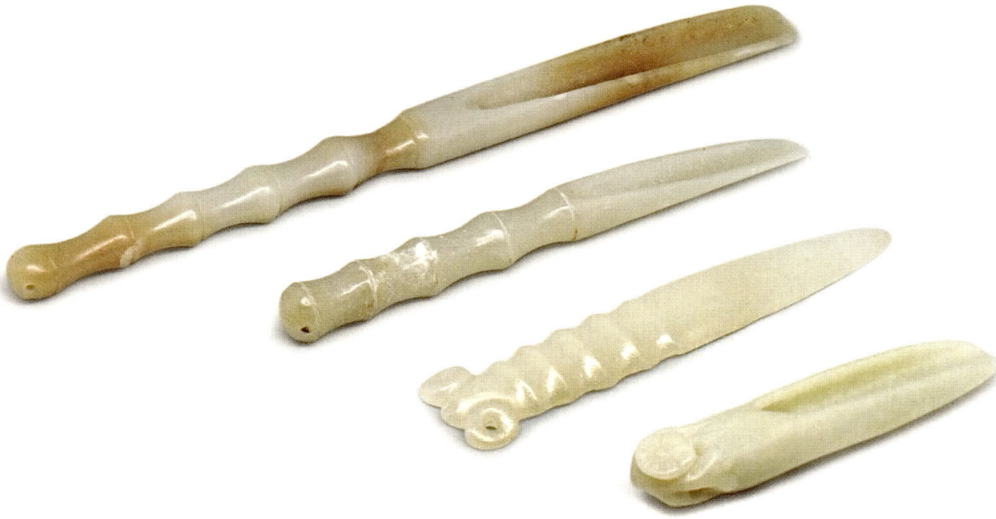

▲玉茶匙

长 190 mm　长 135 mm　长 125 mm　长 85 mm

▲黄杨木雕茶匙

长 200 mm

▲竹节龙头铜茶刀

长 150 mm

# 掌中雅玩

# 【佩饰】

## 万般俊丽　瑶英生辉
### ——漫谈中国古代玉器

古玉器是中国的国粹，是人类文化的宝贵遗产，它与中华文明相伴，走过近八千年的历史。玉不仅是人们对色泽、硬度、声音、纹理、质地等达到一定条件的美石的定义，更是古人心目中完美品格的象征，“君子比德于玉”，温润如玉、洁身如玉则成为对人格的最美赞誉。它不只是饰物，更是生命的象征，埋以祭奠，佩以饰美，赠以朝聘。在古代，玉是呈祥瑞、辟邪恶的“神物”，深入政治、经济、文化、思想、伦理、宗教等各个领域，充当着特殊的角色，是礼仪信仰乃至审美观念的产物，反映出我国每个历史时期的不同文化特点，体现了人们对美好生活的追求和向往，发挥着其他工艺美术品不能替代的作用。

中国是世界玉文化发展的龙头，我国古代玉器以其精美绝伦的造型、巧夺天工的制作工艺而享誉海内外。玉文化发展史是一部微缩的中华文明史，数千年来，人们对玉的崇敬和热爱始终未变。在我国文化生活和社会生活中，玉器占有重要地位，其传统绵延不断、传承至今。

中国最早的玉器出现在新石器时代，从八千年前的兴隆洼文化开始，到辽西地区的红山文化和太湖地区的良渚文化，再到康乾盛世，经历了神玉文化、礼玉文化、民玉文化发展过程，具有丰富的文化内涵。玉器所反映与象征的是中国文化物质和精神的结合，最能代表中华民族特有的民族精神——尊礼仪、尚道德、崇美善、重温良。

新石器时期，伴随着原始宗教的产生，玉器逐渐成为神灵的信物。由于玉具有质地细腻、色泽温润、音质清脆等特点，逐渐成为人们珍爱之物，进而被赋予特殊的神力，而这正是中国古代玉器向神灵化发展的内在动力。神力是玉器的灵魂和本质，而自然崇拜和神祖崇拜只是不同时期玉器神灵化的具体表现形式。神力存在于一切玉器和玉材当中，各种各样的人和动物形状的玉器，以及使用玉材制作的其他各类器具，如兵器等，都可获得灵性而通神。

夏商时期，祭祀礼仪完备，玉器是重要的通神工具。这一时期的玉文化可称“神玉文化”。从目前发现的东北红山文化玉器、山东大汶口文化玉器和浙江良渚文化玉器、湖北石家河文化玉器来看，这些新石器时代玉器以装饰品和礼器中的神话、宗教、权力等内容来体现其文化内涵，是王权、财富和地位象征，是祭天祀地、祈求永生、驱除邪魔等与神灵沟通的用具，带有种种神秘的色彩。

从周代开始至魏晋南北朝时期，玉器走下神坛，但它也只是皇亲国戚、王公贵族的专用品。这时期，社会形态经历了从奴隶社会到封建社会的巨大变化，社会生活也随之改变。中国的玉器不断展现新的面貌和作用，步入了“礼玉文化”（也称“王玉文化”）阶段。社会生活中礼乐圣坛、等级高下、祭祀神灵及典章制度不可无玉。中国“礼玉文化”通过天子、贵族用玉、享玉体现出以血缘宗法制度为核心的等级特权的政治文化，最终达到维护与巩固统治体系与制度的目的，也达到最高的“礼玉”境界。

从汉代开始，随着丝绸之路的开通和佛教文化的传播，中国社会逐渐出现了独立意义上的艺术作品，玉器的制作也迎来了第一个高峰。中国古代玉器开始出现由礼仪用玉到世俗用玉的转变。而各类精致的玉器不断出现，在琢玉史上占有突出地位，标志着琢玉的重大进步。

汉晋以后，随着时代的变迁，落在玉器上的灵光和神秘逐渐消失，中国玉器开始进入民玉时代。虽然这里的“民”并非普通的底层民众，而是当时社会的富裕阶层、王公贵族。这时用玉制度产生了大的变化，虽然玉器还有某种祭祀功能，仍是王公贵族炫耀身份的象征，但是已经逐渐摆脱神玉和礼玉的地位，成为一种高贵但部分人可得的装饰品和供观赏把玩的艺术品。玉器的功能被不断扩大和外延，作为装饰、陈设、文具等被广泛使用和供观赏把玩。

隋唐至清，玉器走进民众生活，逐渐世俗化、商品化，玉器的装饰题材更加丰富多彩，并且多以写实的手法来表现，富有特色的吉祥图案盛行，不仅内容广泛、寓意丰富，而且构思巧妙、情趣盎然，反映了大众的审美意识，表达了人们对美好生活的向往。玉器上琢刻各种纹饰，一物一意或多意，以祈祷幸福、希冀祥瑞、消灾去祸，祈愿高官厚禄、金榜题名、健康长寿、多子多福。如人们熟知的吉祥玉，其纹饰多样，有祈福多子的刘海、福星、禄星、寿星、观音、八仙、老子、孟子等，象征祥瑞的动物如龙、凤、喜鹊、麒麟、蟠螭、狮子、老虎、麋鹿、山羊、鱼等，还有喻雍容华贵的牡丹、喻高贵和美的荷花、喻子孙兴旺的瓜果、喻天姿高洁的梅花、喻虚心向上的青竹、喻长寿坚贞的劲松等各种植物，以及代表喜庆的玉磬、代表官运的爵杯、代表称心的如意等器物。

民玉时代，我国玉器尽管在形式上已经成为生活化、装饰化的日常用品，但实质上还是人们精神情感的物质载体，不论造型还是纹饰都洋溢着强烈的人文神韵和寓意寄托，特别是小件玉器，精致新颖，给人以“方寸之间见天地之阔”的感觉。中国玉文化在这一历史阶段呈现出一种全新的风貌。至清代中期，我国玉文化发展也走向顶峰，迎来了第二个高峰，“大禹治水”是这时期的代表玉器之一，这件玉摆件耗时数十年，重达十几吨，由乾隆皇帝亲自监制。

“就地取材，以美石为玉”，这是远古先民对玉石的认识。在我国广袤的土地上有众多玉石材料，且分布广泛、品类齐全、品质优良。广义而言，水晶、玉髓、玛瑙、玉石、透闪石、蛇纹石等美石皆为玉，如有四大古玉之誉的新疆和田玉、辽宁岫岩玉、河南独山玉，以及陕西蓝田玉。和田玉，尤其是其中的羊脂白玉，不论在颜色上还是质地上均压倒群玉，成为我国古玉“众玉之魁”。和田玉作为玉的极品，是玉人格化的表现，是传统中国文化做人处世原则和审美原则统一的结果。但从晚清开始，结构紧密、颜色艳丽、质地透明的翡翠异军突起，成为与和田玉并驾齐驱的玉料。

中国古代玉器品类繁多，根据用途大致可分为“礼仪玉器”“随葬玉器”“装饰玉器”。把玉制成装饰品和礼器，是因为它的美观和珍贵，而把玉器用于丧葬，还因为人们对玉充满了崇拜和迷信。玉佩饰是最早出现的玉器，并且贯穿我国古代玉器发展始终。随着历代文人对玉器的质地、纹样、器形的诠释和美化，玉器逐步演变成集深厚人文内涵于一身、融心灵品德于一体的古代装饰文化里的璀璨明珠。诗经里有很多诗句，以玉赞美人的品德高尚、言行有度、修养有志，并以玉的温润来比喻人性格品德的温、良、恭、俭。

玉佩作为装饰品有多种形制。凡古人佩挂用的各类玉饰皆可称为玉佩，既可作纯装饰用，也有各类实用品。从新石器时代开始，我国古人从头至下，制作并使用玉梳、玉簪、玉带钩、玉带板，佩戴玉佩、玉坠、玉勒子等玉器，同时赋予其各种神异的功能，并以璜、珠、管等组合成玉佩悬在脖颈、挂在身际、系在腰间、套在手腕须臾不离，并有“君子必佩玉”“君子无故，玉不离身”的佩玉原则，赋予玉以人格——宁为玉碎不为瓦全。

古玉佩是等级身份的标志，“匹夫无罪，怀璧其罪”。汉晋以前，玉佩一直是达官贵族的专用品。到唐宋明清，“礼”性古玉佩不再流行，取而代之的多以花鸟、鱼、人物、瑞兽等多种题材形制的玉佩。唐代动物的动感，宋代花鸟的平淡、闲适，辽、金、元反映北方民族游牧生活的春水秋山玉，以及以动物、花卉为题材的透雕牌饰、嵌饰，还有飞天、蛾、蝴蝶等多种图案和形制各领风流、争奇斗艳。明代后期子冈牌的出现，则体现了中国文人士大夫的审美情趣。而乾隆年间则是我国古代玉器最辉煌灿烂的年代，“乾隆工”代表我国古代琢玉的最高水平，形成了北京、扬州、苏州三大琢玉中心。玉养人，人养玉，而“图必有意，意必吉祥”成为大众的审美意识，寄托了人们的虔诚信仰、精神追求和艺术情怀。

中国历代制玉工匠创造了中国玉雕的辉煌，工艺的传承发展也铸就了中国玉文化的源远流长。我们在欣赏每一件精雕细琢的玉器作品时，不仅要欣赏玉器本身的美和神韵，更能和古人对话，体会他们的思想，琢磨先人如何赋予这些精美石头以“生命”。

人的生命是短暂的，但玉却可以持久，一旦赋予它们以“生命”，即可穿越时空。古今多少帝王，迷恋于美玉，百年身后常随葬大量玉器，甚至以玉裹身，幻想万古永青，但总归是化作尘土，灰飞烟灭。而玉，则静静地旁观着沧海桑田，时光流逝，它们的灵性和悟性是可以让我们膜拜的。

中国古代玉器发展到乾隆时期，可以说画上了一个圆满的句号。纵观历史，玉器使用的鼎盛期，皆为于社会稳定、经济发展的时期。从新石器时代的原始质朴，到乾隆时期的登峰造极，玉器的制作走过了一段漫长的道路。它是远古先民顶礼膜拜的神物，是森严礼仪、等级制度的象征，是古人审美观念的展现，更是中华民族美好品德的化身。玉器从早期以装饰为主、形制简单，到后来带有神秘的宗教色彩，最后变成一种民间工艺品和精神寄托，这一演变，反映了不同时期中国的文化，也体现了社会意识形态对民族品格的影响。从某种意义上讲，一部玉器发展史就是一部中国文明史，是古代先人精神与生命的灌注，既是生命的象征，也是几千年中国人的人格象征，它与中国字画是最接近中国文化核心的元素。

## ◆ 玉璜

玉璜，块状圆弧形器，《说文解字》中把半璧形玉器称为璜，是古代玉器“六瑞”之一，是一种礼器。

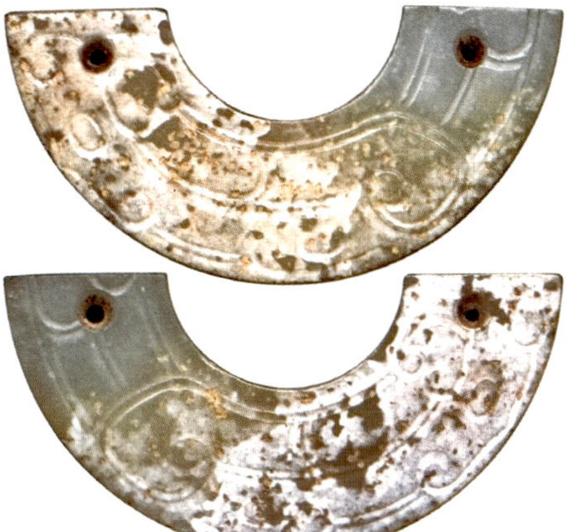

▲龙纹玉璜一对

长 57 mm

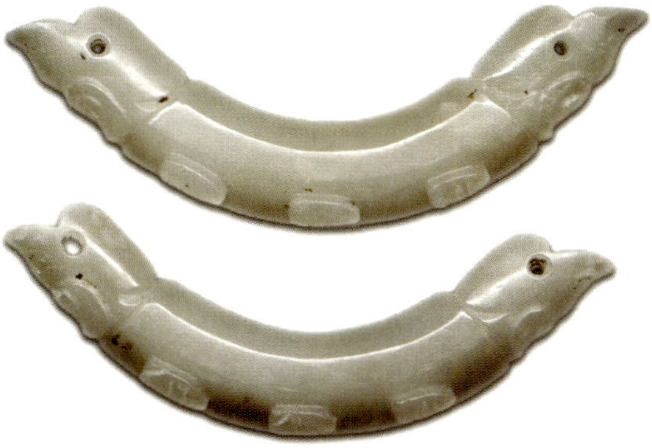

▲龙形玉璜一对

长 80 mm　长 85 mm

▲云雷纹玉璜

长 116 mm

▲绿松石双龙璜

长 57 mm

▲兽面纹玉璜

长 150 mm

▲高领玉璧

外径 115 mm

## ◆ 玉璧

玉璧是一种中心穿一圆孔的饼形器物，有素面、细刻、浮雕、镂空等多种形式。《尔雅》记，“肉倍好谓之璧”，意指器体的孔旁宽大于孔径的可称璧。

▲镶绿松石高领滑石璧

外径 105 mm

▲谷纹玉璧

外径 75 mm

▲谷纹双联璧

外径 120 mm

▲蝌蚪纹玉璧

外径 37 mm

▲绿松石谷纹出廓璧

外径 50 mm

▲双鱼纹玉璧

外径 55 mm

▲蟠虺云纹青玉璧

外径 40 mm

▲凤纹玉璧

外径 39 mm

▲青金石蟠虺纹璧

外径 50 mm

▲兽面纹玉璧

外径 55 mm

## ◆ 玉琮

玉琮是一种内圆外方中空的方体或长方体，有多节长方形和硕大、厚重、雕刻精细、纹饰精美的方柱体两种形式。

▲勾连纹玉琮

高 17 mm

▲玉琮

高 56 mm

▲玉琮

高 25 mm

▲弦纹玉琮

高 90 mm

## ◆ 玉圭

玉圭，古代帝王、诸侯朝聘、祭祀、丧葬时所用的玉制礼器，长条形，上尖下方，形制大小因爵位及用途不同而异，象征地位与权威。

▲玉圭

长 148 mm　长 183 mm

▲玉圭

长 147 mm　长 149 mm

▲玉圭

长 148 mm　长 155 mm

## ◆ 玉琥

玉琥是一种刻有虎纹或雕成伏虎形的玉器。琥的表面纹饰多以云纹为主。

▲和田白玉琥

长 60 mm

▲玉琥

长 75 mm

▲玉琥

长 50 mm

▲玉琥

长 47 mm

▲玉琥

长 43 mm

▲水晶玉琥

长 93 mm

## ◆ 玉珩

玉珩是一种弧形片状玉器，是一种古老的佩饰品，它是成组佩饰中最重要的组件，起着平衡成套佩饰的作用。每个时代的玉珩，除了具有圆弧形的特征以外，形制、纹饰的变化都非常的大。珩是我国最古老的玉饰之一。

▲龙形玉珩

长 125 mm

## ◆ 玉玦

玉玦，周边有一个缺口的圆玉，表示绝交、反对。

▲龙纹玉玦

外径 57 mm

▲勾连纹玉玦

高 43 mm

▲龙形玉玦

长 32 mm

▲兽面云纹玉玦

长 12 mm

▲玛瑙玦

外径 23 mm

## ◆ 玉璇玑

玉璇玑，也称玉牙璧，为装饰用玉。

▲玉璇玑

外径 130 mm

▲玉璇玑

外径 90 mm

▲绿松石璇玑

外径 63 mm

## 玉环

玉环，与璧的特点近似，唯孔较大。环表示修好、认可。《尔雅·释器》："好倍肉谓之瑗，肉好若一谓之环。"也就是说，孔大于边的称为瑗，孔和边相等的是环。

▲玉环

外径 60 mm

▲玛瑙环

外径 35 mm

▲绿松石环

外径 52 mm

▲文字纹玉环

外径 56 mm

▲玉环

外径 38 mm

▲玛瑙环

外径 55 mm

▲绞丝纹玉环

外径 45 mm　外径 35 mm　外径 31 mm

▲绞丝纹绿松石环

外径 40 mm

▲绞丝纹玛瑙环

外径 35 mm

▲绞丝纹玉环

外径 55 mm

▲海棠花形玉环

外径 56 mm

▲龙形玉环

外径 26 mm

▲双龙纹玉环

外径 49 mm

▲双龙戏珠绞丝纹玉环

外径 72 mm

▲玛瑙竹节形巾环一对

外径 41 mm

▲玛瑙巾环一对

外径 41 mm

## 玉勒子

玉勒子，也称玉管。玉管饰（谐称遇乐子）是组玉佩中的部件，一种装饰用玉，这类器物上常饰有龙凤纹、兽面纹、云纹、弦纹等。

▲兽面纹玉勒子

高 15 mm

▲龙纹玉勒子

高 16 mm　高 19 mm　高 21 mm

▲蝉纹玉勒子

高 46 mm

▲龙纹玉勒子

高 25 mm

▲蝉纹玉勒子

高 25 mm

▲弦纹玉勒子

高 24 mm

▲玉勒子

高 35 mm

▲蝉纹玉勒子

高 67 mm

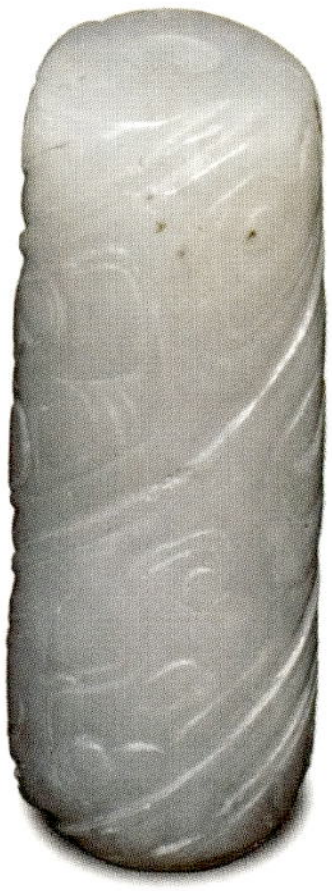

▲龙纹玉勒子

高 44 mm

▲龙纹玉勒子

长 60 mm

▲玛瑙双龙纹勒子一对

长 60 mm

▲青金石蟠虺纹勒子

长 125 mm

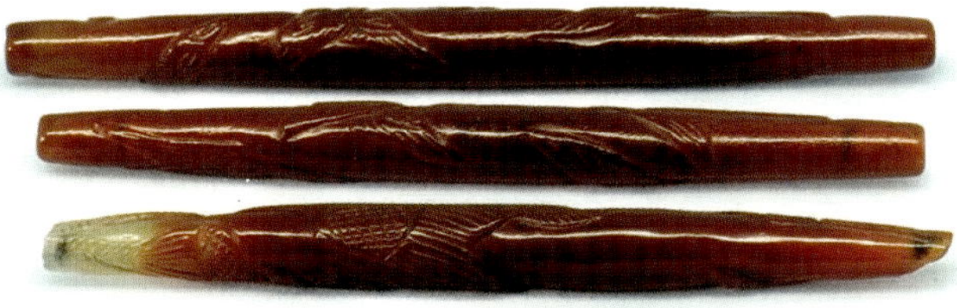

▲春水纹玛瑙勒子一组

长 90 mm　长 90 mm　长 99 mm

▲束腰谷纹玉勒子一对
高 54 mm　高 49 mm

▲谷纹玉勒子一对
高 42 mm

▲束腰云纹玉勒子一对
高 37 mm　高 32 mm

▲勾联云纹玉勒子
高 49 mm　高 57 mm

▲云纹玛瑙勒子一对
高 39 mm

▲管中佛玛瑙勒子
长 50 mm

▲刻心经玉勒子
高 67 mm

▲多边形玉带饰
直径 116 mm

▲春水纹玛瑙带饰
直径 86 mm

## 玉带饰

玉带饰，包括玉带钩、玉带扣、玉带板等束带用玉。玉带钩由钩、钩身、钩钮组成，用于束腰或钩挂衣领、随身物品等。玉带扣是一副大小相近的长方形玉器，用于束腰。玉带板是镶嵌在革带上的玉饰，由带和铊尾组成。

▲胡人乐舞图玉带板
长 50 mm　长 40 mm　长 50 mm

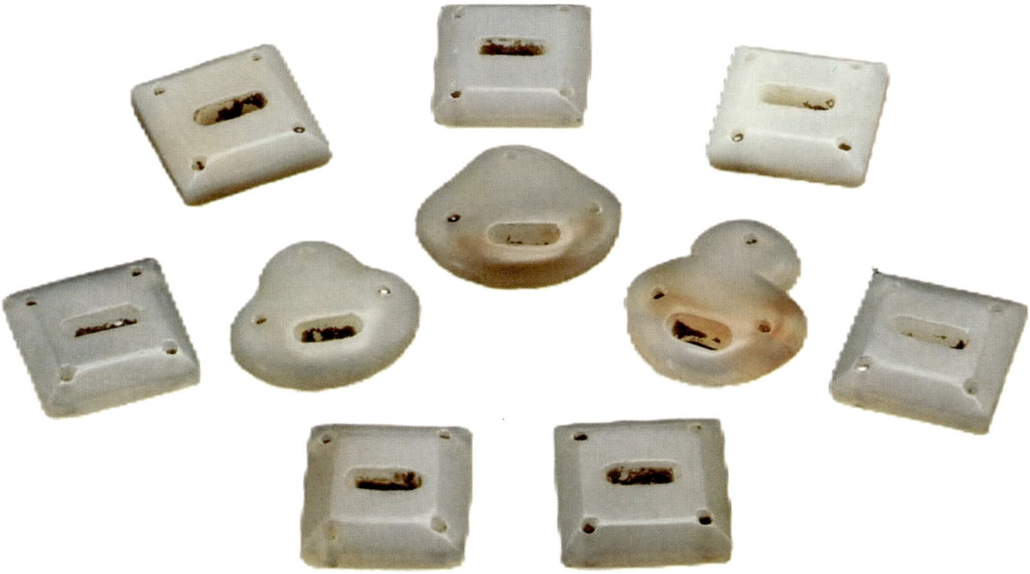

▲玛瑙蹀躞环带饰
长 30 mm

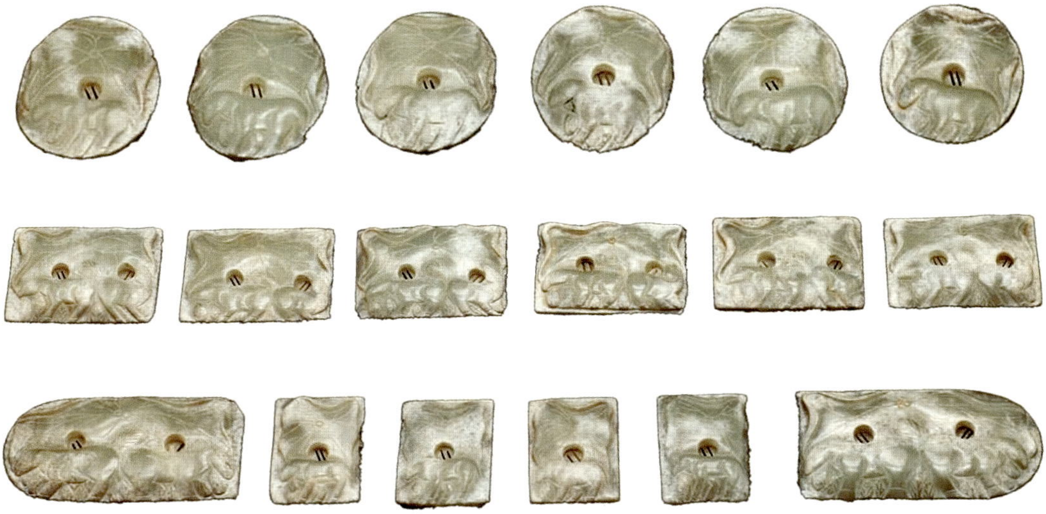

▲荷叶瑞兽玉带板

大小不一　铊尾长 67 mm

▲秋山图玉带板

大小不一　铊尾长长 78 mm

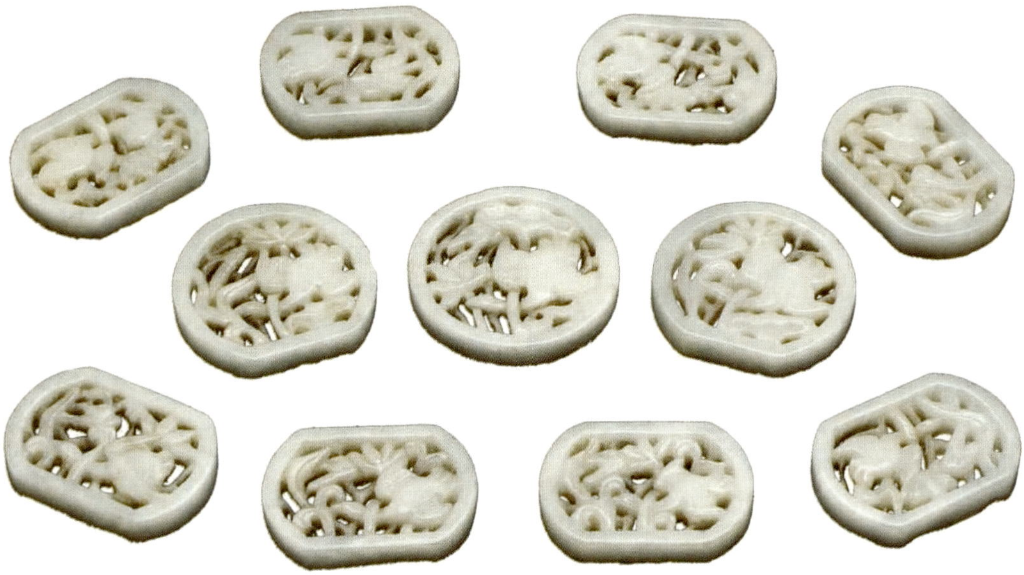

▲春水图玉带板

长 45 mm

▲福寿纹蜜蜡带板

大小不一

▲龙首玉带钩

长 124 mm

▲龙首水晶带钩

长 69 mm

▲镶蜻蜓眼玻璃带钩

长 138 mm

▲龙首玉带钩

长 123 mm

▲龙首玉带钩

长 43 mm

▲瑞兽玉带钩

长 128 mm

▲阿修罗玉带饰

直径 52 mm

▲秋山图玉带饰

直径 50 mm

▲兽面玉带扣

高 54 mm

▲兽面带饰

高 73 mm

▲兽面纹带饰

直径 52 mm

▲一鹭连科纹玉带饰

长 77 mm

## ◆ 耳饰

耳饰也称耳珰、琪，是古代女子耳朵上的饰品，以两头大，中间收腰为主要特征，相当于今天的耳坠和耳钉。

▲喇叭形玛瑙耳珰一对

高 21 mm

▲蜻蜓眼玻璃耳饰

高 23 mm

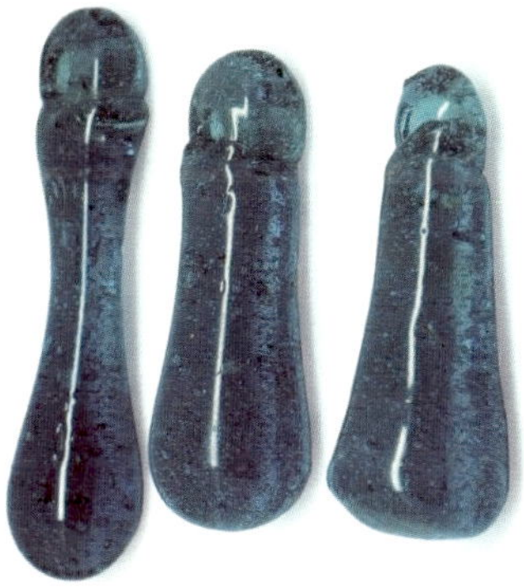

▲玻璃耳珰一组

高 46 mm　高 36 mm　高 34 mm

▲骑鹅人物形耳坠

高 23 mm

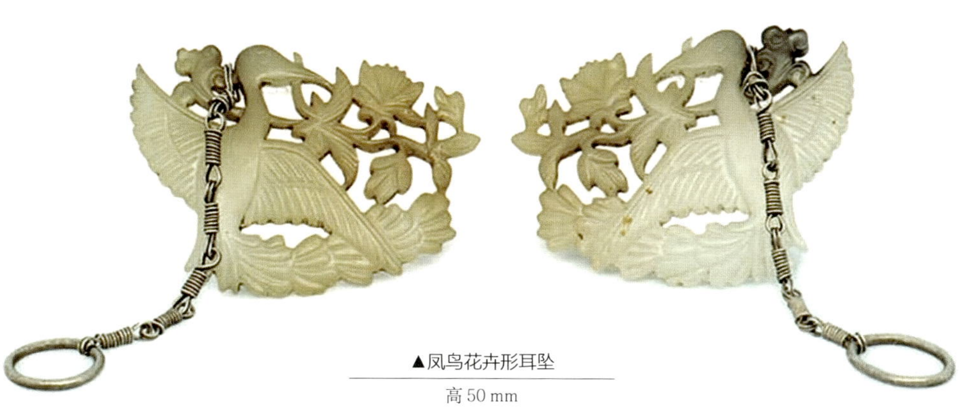

▲凤鸟花卉形耳坠

高 50 mm

## ◆ 玉镯

玉镯，手腕或脚腕上的环形装饰品，早期以琮式和筒式居多，有二龙戏珠形、绞丝形、竹节形、联珠形及素镯等。

▲龙纹玉镯

外径 76 mm

▲龙纹青金石手镯

内径 58 mm

▲咬尾龙绞丝纹白玉手镯

内径 59 mm

▲咬尾龙绳纹玉手镯

长径 83 mm

▲绞丝纹玉手镯

内径 59 mm

▲绞丝纹玉手镯

内径 60 mm

▲双龙戏珠玉手镯

内径 58 mm

▲双龙戏珠玉手镯

内径 58 mm

▲白玉手镯

内径 56 mm

▲和田白玉手镯

内径 60 mm

▲竹节纹玉手镯

内径 58 mm

▲福禄寿纹玉手镯

内径 51 mm

▲山水人物纹玉手镯

内径 57 mm

▲嵌银丝竹节纹玛瑙手镯

内径 64 mm

▲和田黄玉手镯

内径 59 mm

▲紫玛瑙手镯

内径 56 mm

▲紫罗兰翡翠手镯

内径 56 mm

▲琥珀蝴蝶纹手镯

内径 63 mm

▲白玉螭龙纹手镯一对

内径 59 mm　内径 61 mm

▲寿字花卉纹蜜蜡手镯一对

内径 64 mm

▲翡翠扭绳纹手镯一对

内径 60 mm

▲和田白玉花卉 · 人物 · 鱼纹手镯一对

内径 58 mm

## ◆ 玉簪

玉簪，用来绾住头发的一种首饰。

▲龙形玉笄

长 156 mm

▲龙首纹丝纹玉簪

长 213 mm

▲春水图玉簪

长 105 mm

▲鱼形玉簪一组

长 150 mm　长 118 mm　长 114 mm

## ◆ 牌饰

牌饰，是一种配饰，呈正方形或长方形，器表浮雕或镂空雕刻各种图案与文字，有孔牌饰可穿绳佩系。牌饰盛行于明清时期，以“子冈”玉牌最为著名，其纹饰在继承传统的基础上，出现了当时流行的文人山水画和诗句。

▲福禄寿玉牌

直径 55 mm

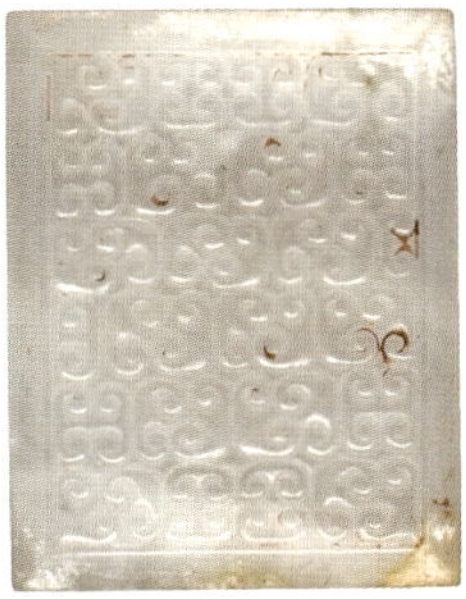

▲和田白玉云纹牌

长 62 mm　宽 49 mm

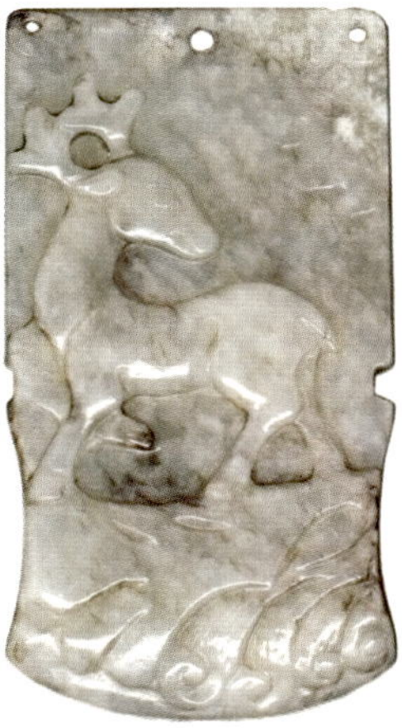

▲和田青白玉福禄纹牌

长 65 mm　宽 38 mm

▲和田白玉双狮纹手牌

长 75 mm　宽 40 mm

▲和田白玉透雕花卉纹牌

长 72 mm　宽 45 mm

▲和田白玉俏雕喜上眉梢纹牌

长 80 mm　宽 44 mm

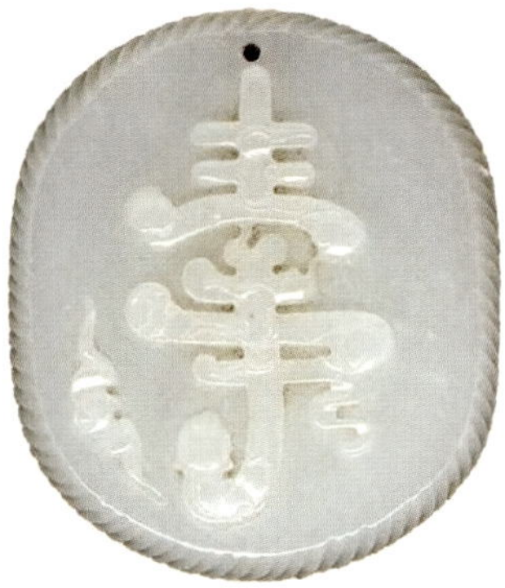

▲和田白玉寿字蝙蝠纹牌

长 48 mm　宽 43 mm

▲和田白玉弥勒佛牌

长 42 mm　宽 35 mm

▲和田白玉透雕花卉童子纹牌

长 62 mm　宽 50 mm

▲翡翠寿字纹对牌

长 52 mm　宽 40 mm

▲翡翠山水纹牌

长 59 mm　宽 51 mm

▲翡翠山水纹牌

长 61 mm　宽 40 mm

▲翡翠透雕如意纹牌

长 56 mm　宽 46 mm

▲沉香木斋戒牌

长 68 mm　宽 50 mm

▲蜜蜡龙凤纹牌

长 80 mm　宽 47 mm

▲角雕福寿纹牌

长 73 mm

▲象牙雕观音牌

长 61 mm　宽 41 mm

▲翡翠平安牌

长 45 mm　宽 28 mm

▲和田白玉平安牌

长 80 mm　宽 35 mm

▲绿松石平安牌

长 54 mm　宽 33 mm

▲人面兽角玉坠

高 28 mm

## ◆ 坠饰

坠饰的体积较小，雕琢精美，可垂挂在服饰上，也可作为单体佩戴的饰品。

▲人面玛瑙坠

高 63 mm

▲人面兽角玉坠

高 36 mm

▲人面纹玉坠

长 35 mm

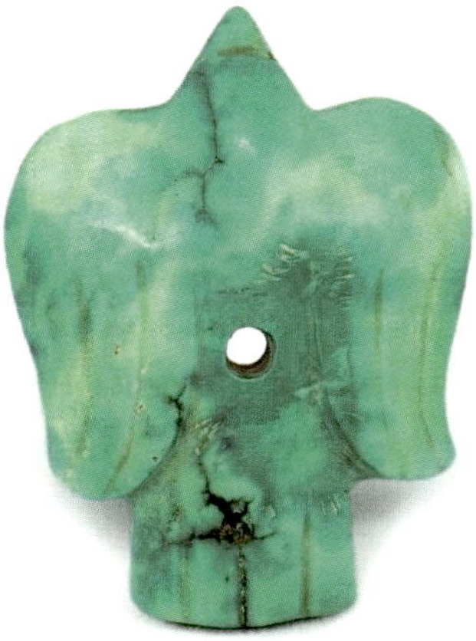

▲绿松石鹰

高 38 mm

▲螺形玉坠

高 66 mm

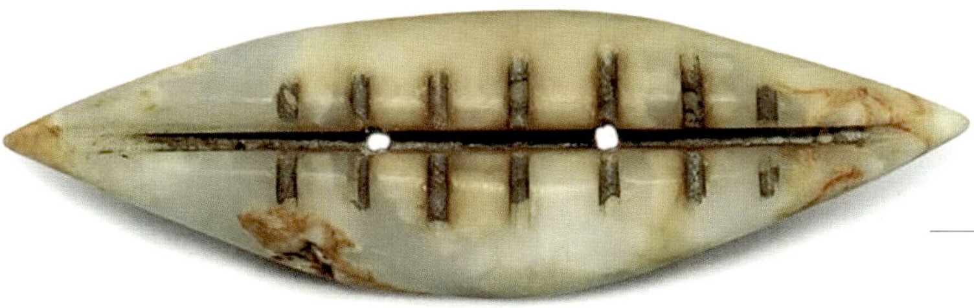

▲贝形玉坠

长 81 mm

▲工字佩青金石坠

高 23 mm

▲工字佩玉坠

高 34 mm

▲司南玉坠

高 22 mm

▲司南玉坠

高 26 mm

▲蝉纹玉坠

高 85 mm

▲兽面纹玉坠

高 25 mm

▲兽面纹玉坠

高 44 mm

▲兽面纹玉坠

高 45 mm

▲锥形器

高 125 mm　高 65 mm

▲柄形器

高 70 mm

▲云纹柄形器

高 72 mm

▲蚕玉坠
高 35 mm

▲蝉玉坠
高 35 mm

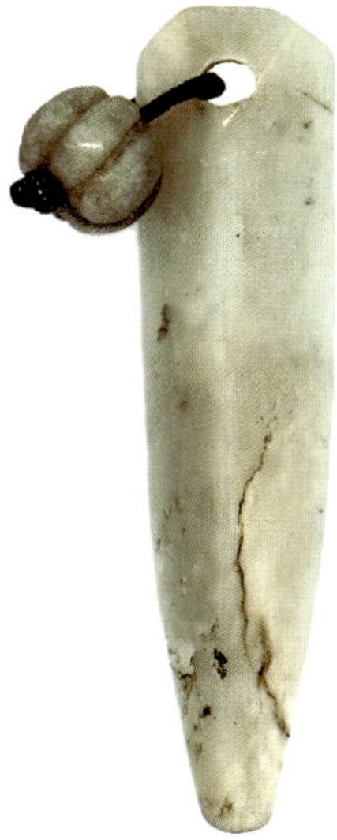
▲蝉玉坠
高 84 mm

▲蝉青金石坠
高 92 mm

▲蝉玉坠
高 67 mm

▲蝉玉坠一组
高 41 mm　高 41 mm　高 40 mm

▲蝉玛瑙坠
高 41 mm　高 33 mm

▲蝉玉坠
高 49 mm

▲俏雕蝉玉坠
高 43 mm

▲蝉绿松石坠
高 41 mm

▲蝉玉坠
高 41 mm

▲蛙玉坠

高 32 mm

▲玉翎管

高 86 mm

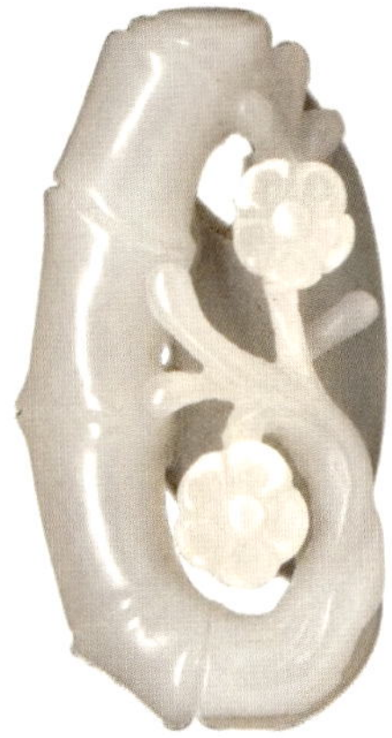

▲梅竹纹玉坠

高 46 mm

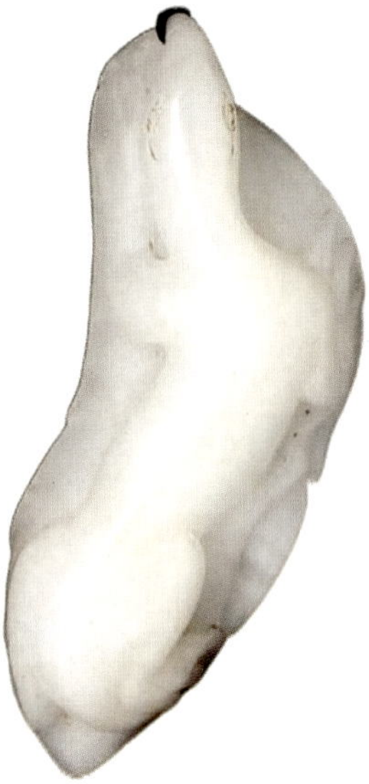

▲守业欢玉坠

高 65 mm

▲鱼玉坠

长 45 mm

▲羊首玉坠

长 75 mm

▲福禄琥珀吊坠

高 60 mm

▲鹰爪抓鱼玉坠

高 33 mm

▲节节高玉坠

高 74 mm

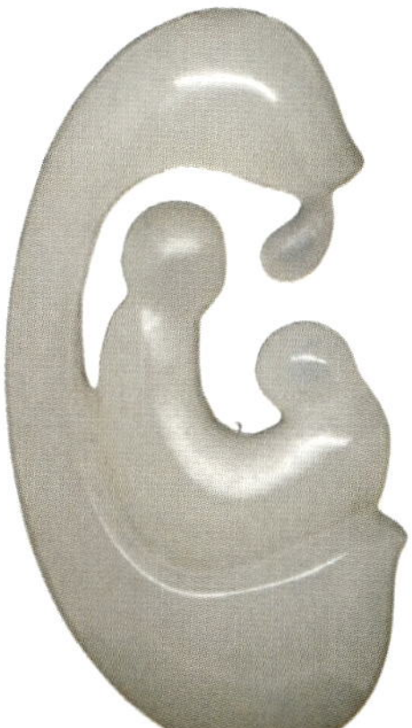

▲悟道玉坠

高 45 mm

▲叶形玉坠

高 55 mm

▲如意童子玉坠

长 45 mm

▲瓜果纹黄玉吊坠

高 66 mm

▲桃形玉坠

高 45 mm

▲欢欢玉坠

高 42 mm

▲蝴蝶纹翡翠吊坠

高 38 mm

▲弥勒佛翡翠吊坠

高 32 mm

▲翡翠如意吊坠

高 49 mm

▲蝉形翡翠吊坠

高 43 mm

▲蝎子翡翠吊坠

高 59 mm

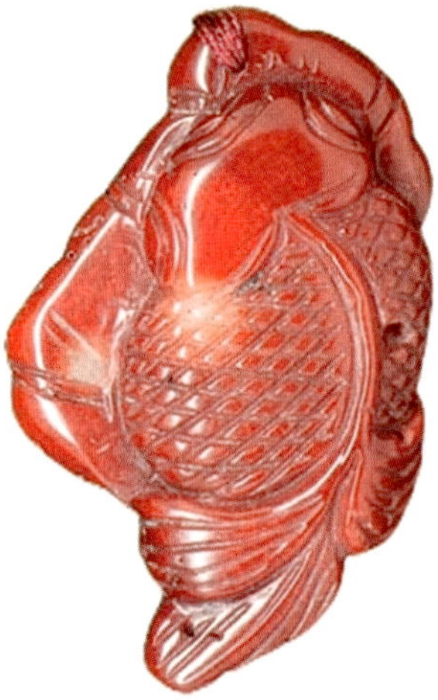

▲金玉满堂红珊瑚吊坠

高 46 mm

▲竹枝纹翡翠吊坠

高 95 mm

## ◆ 玉韘

这种造型的玉佩中间酷似鸡心形，故亦称鸡心佩，是从古人射箭时保护手指的韘形器演化而来。古人配韘表示其有高超的射杀技能及处理事务的决策能力。

▲玉韘

长 52 mm

▲玉韘

长 78 mm

▲玉韘

高 58 mm

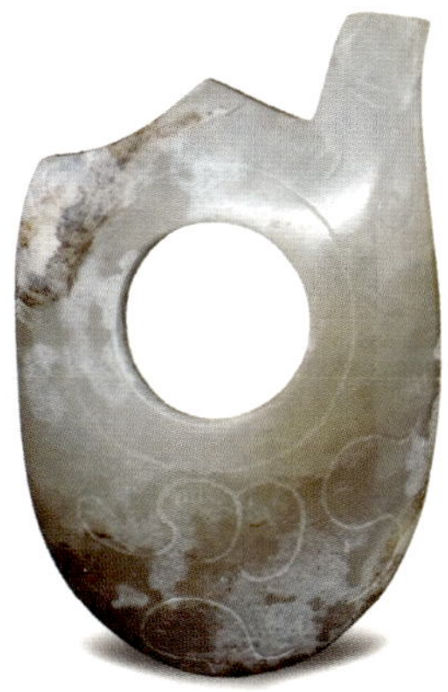

▲玉韘

高 58 mm

▲玉韘

高 56 mm

▲玉韘

长 58 mm

## ◆ 玉觿

玉觿（也称冲牙）为角形玉器，造型源自兽牙，玉觿除用于佩带装饰外，古人还以此作解系绳结的工具。同时，佩带玉觿被认为一个人具有解决困难的能力，是聪明智慧的表现。

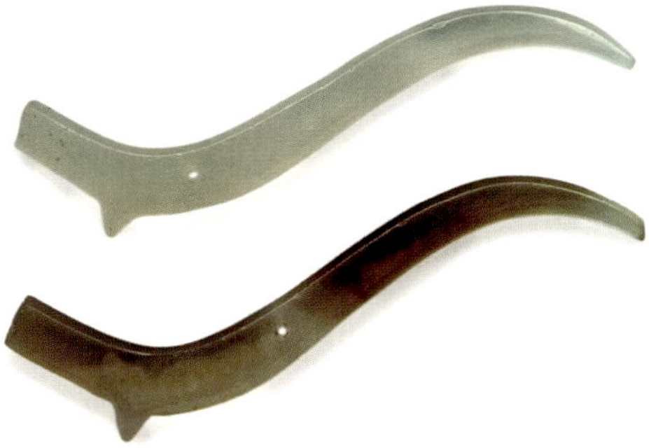

▲玛瑙玉觿一对

长 88 mm　长 92 mm

▲龙形玉觿一对

长 85 mm　长 84 mm

▲人形玉觿

高 123 mm

▲龙形玉觿

长 85 mm

▲龙凤形玉觿一对

长 102 mm　长 102 mm

▲龙凤形玉觿一对

长 90 mm　长 111 mm

## ◆ 其他佩饰

▲龙形玉佩

长 78 mm

▲凤形青玉佩

长 70 mm

▲凤鸟玉佩

长 54 mm

▲龙形玉佩

长 36 mm

▲玉蝈蝈

长 41 mm

▲鸟形玉佩

长 44 mm

▲龙形绞丝纹玉饰

长 120 mm

▲翁仲人物佩一组

高 36 mm　高 44 mm　高 44 mm

▲玛瑙人物佩

高 45 mm

▲玉佛

高 56 mm

▲和田白玉人物佩

高 65 mm　高 58 mm

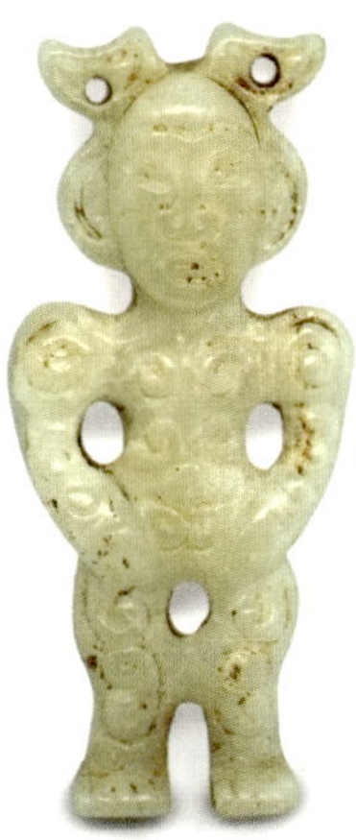

▲人形玉饰

高 58 mm

▲玉舞人

高 40 mm

▲绿松石人物佩

高 60 mm　高 68 mm

▲玛瑙飞天

长 58 mm

▲飞天玉饰

长 73 mm

▲飞天玉饰

长 103 mm

▲飞天玉饰

长 78 mm

▲飞天玉饰

长 37 mm

▲鹿形佩

长 56 mm

▲鹿形佩

长 100 mm

▲马形玉佩

长 64 mm

▲咬尾龙佩

长 33 mm

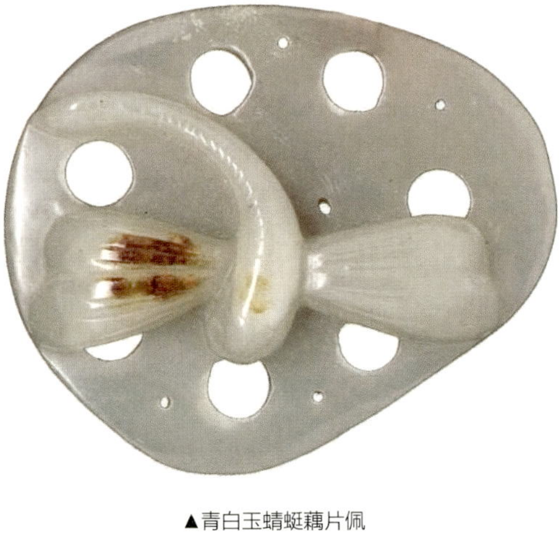

▲青白玉蜻蜓藕片佩

长 56 mm

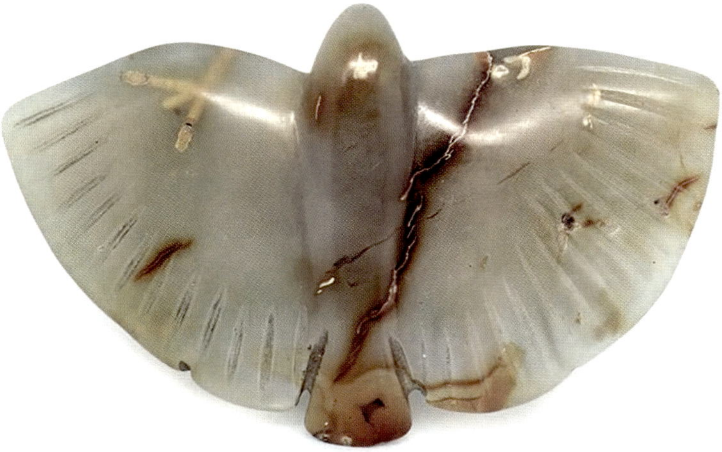

▲鹰形挂饰

长 122 mm

▲兔形佩

长 50 mm

▲绶带鸟衔蜻蜓玉佩

长 97 mm

▲天鹅玉饰

长 62 mm

▲雁形玉佩

高 35 mm

▲春水玉佩

长 83 mm

▲春水玉佩

长 75 mm

▲春水玉佩

长 41 mm

▲迦楼罗玛瑙佩饰

高 61 mm

▲螭龙纹鸡心佩

长 87 mm

▲猪形玉饰

长 41 mm

▲狗形玉饰

长 50 mm

▲狗形玉饰

长 60 mm

▲战国红玛瑙熊形佩

长 38 mm

▲羊首玉饰

高 32 mm

▲绿松石蛇形佩

高 42 mm

▲鱼化龙玉饰

长 63 mm

▲鱼形玉佩

长 83 mm

▲鱼形玉佩

长 63 mm　长 88 mm

▲鱼形玉佩

长 75 mm

▲鱼形玉佩

长 78 mm

▲鱼形玉配

长 152 mm

▲双鱼玉佩

高 60 mm

▲荷叶鳜鱼纹绿松石佩

长 53 mm

▲双鱼玉佩

高 68 mm

▲荷叶鳜鱼纹青玉佩

长 48 mm

▲玛瑙鱼佩

长 68 mm

▲玛瑙鱼佩

长 70 mm

▲连年有余玉佩

长 54 mm

▲鱼莲纹玉佩

长 68 mm

▲鱼形玉佩

长 88 mm

▲鱼形玉佩

长 68 mm

▲鱼形玉佩

长 42 mm

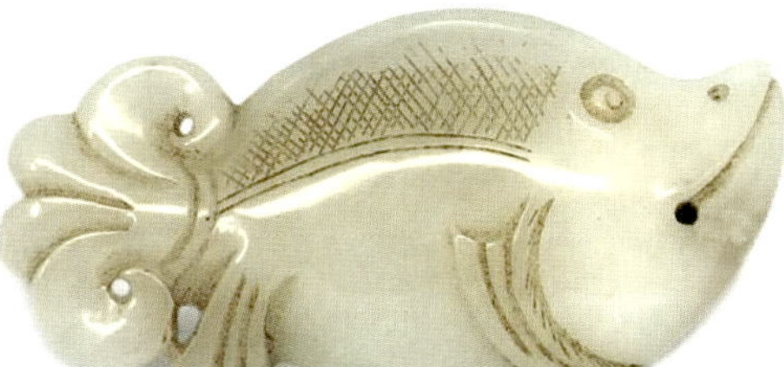

▲鱼形玉佩

长 51 mm

▲水晶鸟饰一组

长 22 mm

▲和田白玉龙纹箍

直径 49 mm

▲琥珀挂饰

高 75 mm

▲笠形玛瑙饰一组

直径 46 mm　直径 30 mm　直径 40 mm

▲玛瑙臂韝

高 85 mm

▲玉臂韝

高 90 mm

# 【把玩】

## 器以载道 风云指间

### ——扳指鉴赏

“快马飞生耳后风，浮麋数肋中无空。漫言刻玉占佳兆，发羽抨弦屡此同。”这是乾隆《咏射鹿玉韘》诗。扳指古名“决拾”或“抉拾”，是古代骑射用具韘演化而来，是一种 2.5 ~ 3.5 厘米高的玉圈，古人拉弓弦戴在大拇指上用以护手。从当初的实用具发展成为赏玩的对象，小小的玉扳指上记录着中华文化悠长的历史。《诗经·卫风·芄兰》：“芄兰之叶，童子佩韘。虽则佩韘，能不我甲。容兮遂兮，垂带悸兮。”岁月更替，历史演变，韘也在不断变化之中。随着战争方式的变化和射箭狩猎活动的减少，以及玉礼制观念的渗透，玉韘的实用性越来越弱，而装饰性越来越强。到了汉代，出现片状形制，演变成为一种佩件，因其中都是鸡心状，称为“鸡心佩”。宋代仿古之风盛行，出现仿汉代的玉韘，其形制多种多样，有线状、圆筒状等。到明清，扳指成为一种财富和地位的象征，从实用器转化为装饰观赏之物，并在上流社会盛行，且有“文武”之说，武扳指多素，文扳指则装饰有图案、文字等。清代中后期，奢靡之风盛行，扳指这种军事工具渐渐成为时髦的玩物和装饰，并以贵重的象牙、水晶、玉、翡翠等材质制作，从王公贵族到文人雅士，均将其作为饰物佩戴。晚清到民国，扳指逐渐退出和消亡，但由于其融会了满汉文明，贯通了文武之道，既能玩赏于手，又警戒于心，因此留下柔情风华，作为藏品流传于世。

玉韘的演变，是社会观念、宗教信仰及古人精神世界的体现，在悠久的中国玉文化史上有着举足轻重的地位。今天我们重新审视这些古物，或许能唤起内心对自然美的追求，更能深深体悟到传统文化中人与自然和谐相处的天人之道，通过探索艺术与生活的微妙关系，进一步认识和感受中国传统文化的魅力。

## ◆ 玉扳指

玉扳指又叫玉韘，本意是拉弓射箭时扣弦用的一种工具，以保护右拇指不被弓弦勒伤。后来引申为能够决断事务，具有身份和能力的象征。

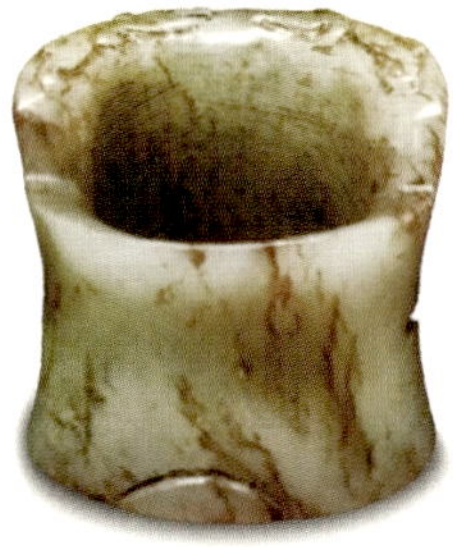

▲和田玉雕龙纹扳指

直径 35 mm

▲和田玉镂空雕春水纹扳指

直径 32 mm

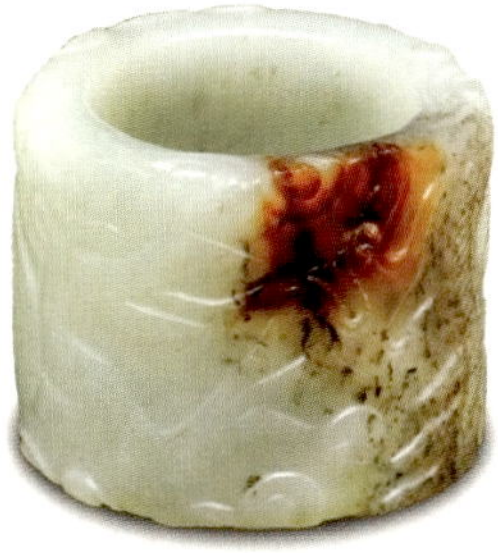

▲和田玉龙纹扳指

直径 30 mm

▲和田白玉山水人物图扳指

直径 40 mm

▲白玉扳指

直径 35 mm

▲蜜蜡扳指

直径 35 mm

▲翡翠扳指

直径 36 mm

▲翡翠扳指

直径 31 mm

▲兽骨扳指

直径 32 mm

▲黄玛瑙素面扳指

直径 28 mm

▲琥珀扳指

直径 34 mm

▲水晶扳指

直径 38 mm

▲和田黄玉扳指

直径 35 mm

▲象牙扳指

直径 42 mm

▲松下抚琴图青花瓷扳指

直径 33 mm

▲福寿纹沉香木扳指

直径 40 mm

## ◆ 鼻烟壶

鼻烟壶指的是盛鼻烟的容器，小可手握，便于携带。明末清初，鼻烟传入中国，鼻烟盒渐渐东方化，产生了鼻烟壶。

# 袖怀雅物　盈握珍玩

## ——鼻烟壶收藏

鼻烟是在研磨极细的优质烟草中，掺入麝香等名贵药材，并在密封中陈化数年乃至数十年而成。鼻烟非中国所产，为舶来品。明朝末年，吸食鼻烟的习惯通过欧洲人经菲律宾传至日本，再由日本经朝鲜传到我国东北地区，在满、蒙民族间广为流传。清康熙年间发明了鼻烟壶，虽说是实用器，但它集多种艺术之大成。随着康乾盛世的开启，其工艺、制作水平不断提高，一个多姿多彩、包罗万象的鼻烟壶大千世界呈现在世人面前。

中国是“鼻烟壶之乡”，在鼻烟壶的制作方面极具特色。鼻烟壶用料颇为考究，种类繁多，有瓷料、玉石、玻璃、葫芦、珐琅、竹、木、金属、象牙、犀牛角、匏器等。其工艺技法亦变化无穷，雕、嵌、镂、刻、烧、绘、漆皆有呈现，纹饰图案名山大川、历史人物、瑞兽祥符、清供博古、花鸟虫鱼、诗词书画不一而足。这小小的手工艺品集绘画、书法、诗词、雕刻、镶嵌等多种文化艺术于一体，有着独特的材质美、造型美、纹样美，虽小巧玲珑，但腹内有乾坤。

鼻烟壶作为一种中国独有的艺术存在，国人的智慧和创造力凝结于方寸之间，足以媲美中国古代的任何一种艺术珍品。清代年间，上至帝王将相下到平民百姓都由衷热爱。清代皇宫在鼻烟壶的始创、制造、交流和收藏等方面，起到了重要的推进作用。鼻烟壶作为重要的赏赐物品给臣下，还作为国与国交流的最高礼品，流传到海外。

中国的鼻烟壶集万般俊丽于寸身，是中国工艺匠师聪明才智的充分体现和发挥，是华夏文化艺术的缩影和对世界艺术的重要贡献。

艺术品必须用艺术的眼光品评，辨材质、重艺术是鼻烟壶鉴赏的要点，包括材质是否珍稀、工艺是否考究精细、造型是否匠心独具。从艺术角度而言，雕工或画工上乘、造型悦目匀称、线条优美、色泽鲜艳是鉴赏的要素。在品类众多的鼻烟壶家族中，有一种被称为“鬼

▲内画玻璃鼻烟壶

高 80 mm

斧神工”的艺术器——内画鼻烟，起源于道光年间，把中国独特的造型艺术和传统的书画艺术巧妙地融合为一。内画鼻烟壶大师用一支竹签在透明的水晶和瓷料鼻烟壶的内壁，凭着手腕的灵敏，点染山水、意趣天成，状摹肖像、形神入微，内写书帖、墨秀琅琅，令人叹为观止。时至今日，内画鼻烟仍受到世界各地收藏家的青睐。

“艺术生活化，生活艺术化”是中国传统文化在鼻烟壶上的真实体现，也是人们对有品质的文化生活追求的目标。虽说吸食鼻烟已与现代生活渐行渐远，但先人留下的鼻烟壶及其艺术，仍与其他门类的艺术品一样历经数百年而不衰，放射出璀璨的光辉。

▲蕉叶金牛纹琉璃鼻烟壶

高 78 mm

▲粉彩荷花纹瓷鼻烟壶

长 82 mm

▲喜上眉梢瓷雕鼻烟壶（陈国治款）

高 75 mm

▲松树纹玉鼻烟壶

高 58 mm

▲玉鼻烟壶

高 63 mm

▲童子洗象纹蜜蜡鼻烟壶

高 60 mm

▲福寿纹琥珀鼻烟壶

高 65 mm

▲瓜果纹琉璃鼻烟壶

高 65 mm

▲荷叶鱼纹琉璃鼻烟壶

高 65 mm

## ◆ 其他把玩

▲伎乐人水晶雕

高 43 mm

▲松山访友图玛瑙雕

高 65 mm

▲习武童子玉雕

高 58 mm

▲鱼化龙黄玉雕

高 52 mm

▲八方来财玉雕

高 58 mm

▲连生贵子玉雕

高 73 mm

▲玉雕犬

长 66 mm

▲玉雕熊

长 46 mm

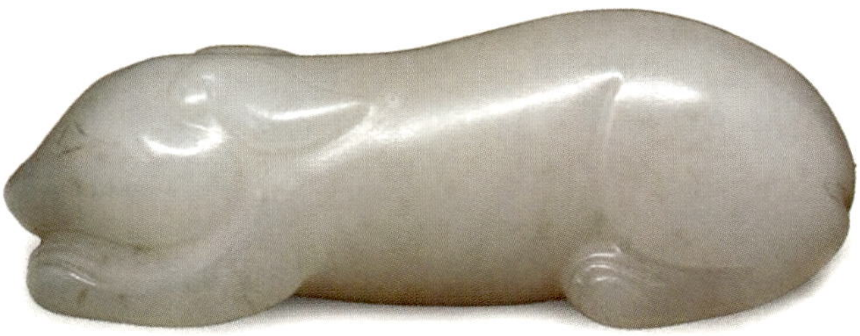

▲玉雕猪

长 71 mm

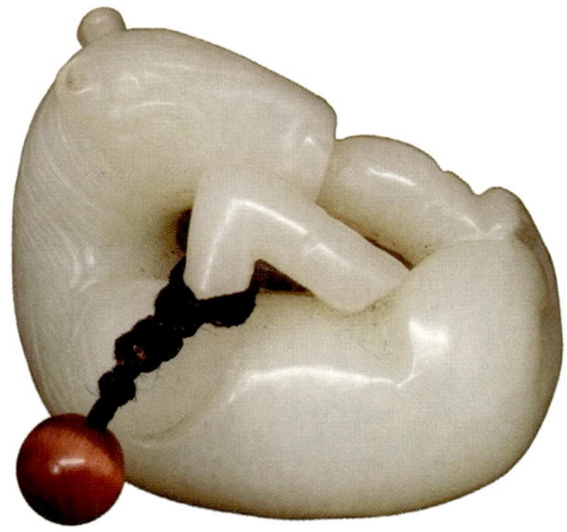

▲马上翻身玉雕

长 43 mm

▲马上封侯玉雕

长 61 mm

▲玉雕熊

长 68 mm

▲和田玉虎

长 78 mm

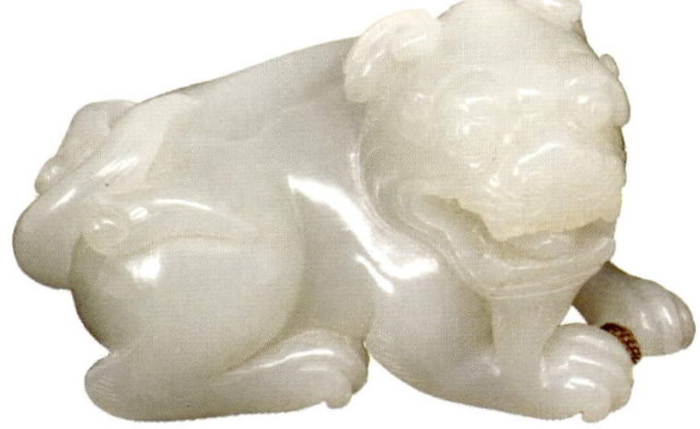

▲和田玉狮

长 68 mm

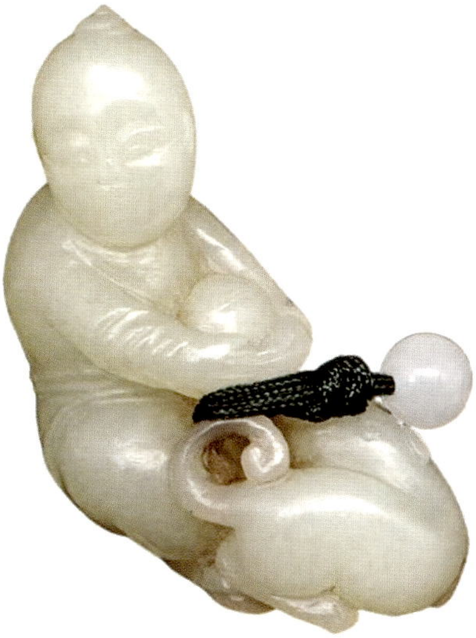

▲童子戏兽玉雕

高 53 mm

▲人物玉雕

高 56 mm

▲喜庆童子玉雕

高 46 mm

▲辈辈封侯玉雕

高 61 mm

▲和合二仙玉雕

高 58 mm

▲欢欢玉雕

长 63 mm

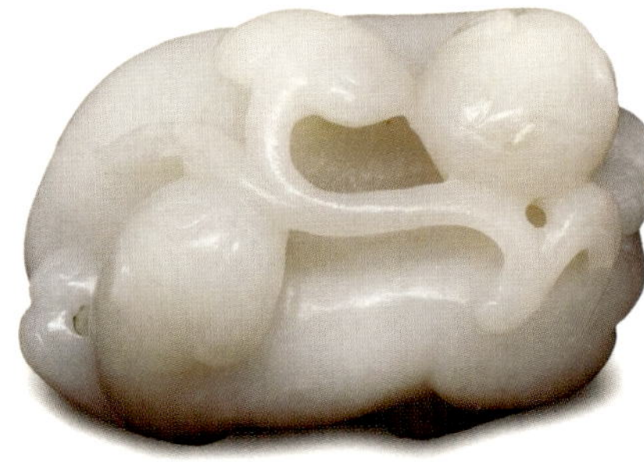

▲欢欢玉雕

长 65 mm

▲荷莲玉雕

长 55 mm

▲镶绿松石玉狮

长 63 mm

▲貔貅玉雕

长 46 mm

▲春水图蜜蜡雕

长 62 mm

▲骆驼绿松石雕

长 63 mm

▲辈辈侯绿松石雕

长 59 mm

# 【赏玩】

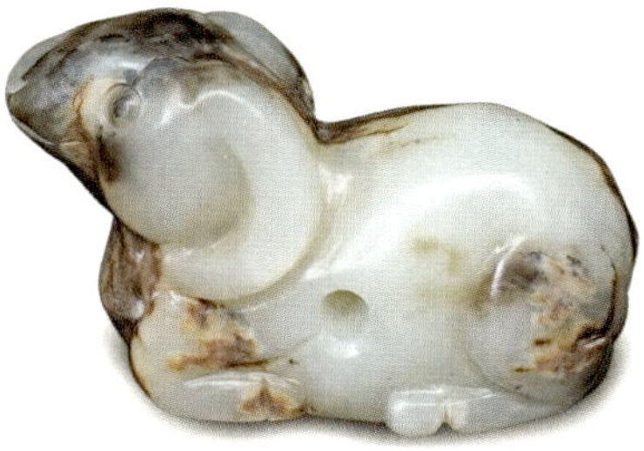

▲玉羊

长 43 mm

▲抓鱼玉摆件

高 92 mm

▲和田白玉马

长 70 mm

▲和田白玉瑞兽

长 80 mm

▲全家欢玉雕

长 93 mm

▲和田白玉卧马

长 70 mm　长 64 mm　长 60 mm

▲五鸭玉雕

长 110 mm

▲玉鹰

长 143 mm

▲和田白玉鹰

长 90 mm

▲青玉鹅

长 70 mm

▲玉凤

长 85 mm

▲绿松石瑞兽

长 68 mm

▲和田玉兔

长 48 mm

▲喜上加喜玉雕

长 52 mm

▲玉龟

高 51 mm

▲玛瑙鼠

长 36 mm

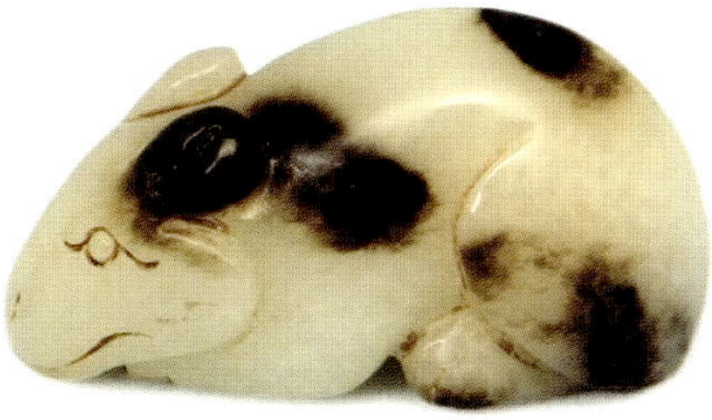

▲和田玉鼠

长 36 mm

▲玉熊

长 50 mm

▲玉熊

长 50 mm

▲玉象

长 60 mm

▲玉马

长 45 mm

▲白玉瑞兽

高 48 mm

▲水晶猴子

高 60 mm

▲蜜蜡佛

高 115 mm

▲白玉人物

高 80 mm

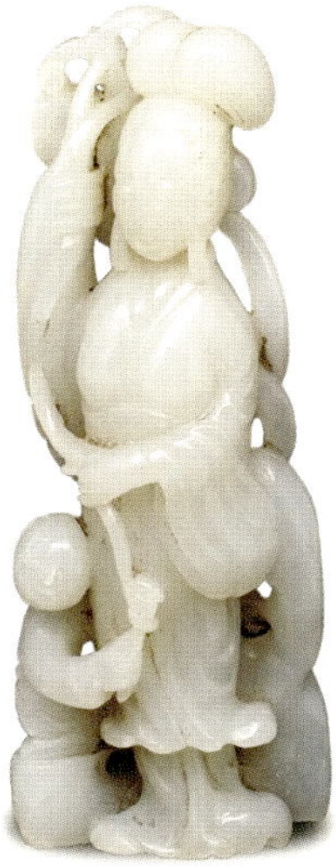

▲白玉人物

高 109 mm

▲白玉菩萨

高 80 mm

▲福禄寿玉雕

高 80 mm

▲玛瑙仕女

高 136 mm

▲玉佛

高 86 mm

▲玉人

高 41 mm

▲托鹰人物玉雕

高 78 mm

▲童子戏胡人玉雕

高 100 mm

▲骑鹅童子玉雕

高 70 mm

▲白玉人物

高 75 mm

▲玉人

高 45 mm

▲洗象童子玉雕

高 70 mm

▲胡人骑骆驼玉雕

高 48 mm

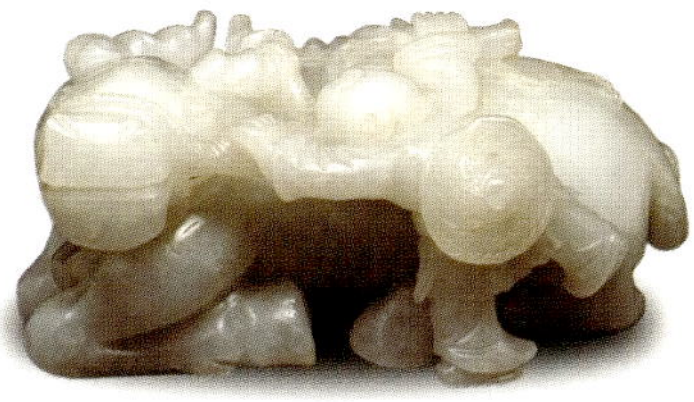

▲童子牧牛玉雕

长 75 mm

▲刘海戏金蟾玉雕

高 80 mm

▲太白醉酒玉雕

长 86 mm

▲绿松石雕人物

长 85 mm

▲绿松石雕人物

高 80 mm

▲绿松石雕人物

高 72 mm

▲玉戈

长 65 mm

▲凤纹玉戈

长 159 mm

▲玉刀

长 140 mm

▲青玉钺

高 81 mm

▲春水图玉俏雕

高 90 mm

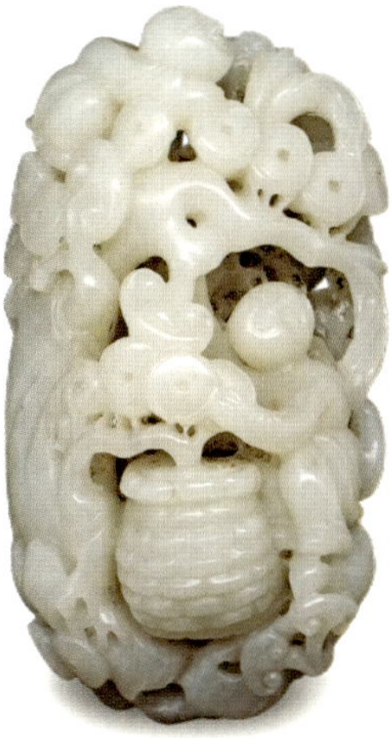

▲摇钱树玉雕

高 100 mm

▲三阳开泰玉雕

高 65 mm

▲秋山图玉雕

长 85 mm

▲葫芦玉雕

长 95 mm

▲宝船玉雕

长 114 mm

▲宝船玉雕

长 180 mm

▲兽面纹玉杯

高 85 mm

▲花卉纹玛瑙盏

高 45 mm

▲玉壶

高 52 mm

▲兽首玉勺

长 150 mm

▲松山访友玉砚屏

长 136 mm　宽 122 mm

▲玉如意

长 59 mm

▲白玉人物

高 50 mm

▲玉佛手

长 83 mm

▲胡人牧马玉雕

长 52 mm

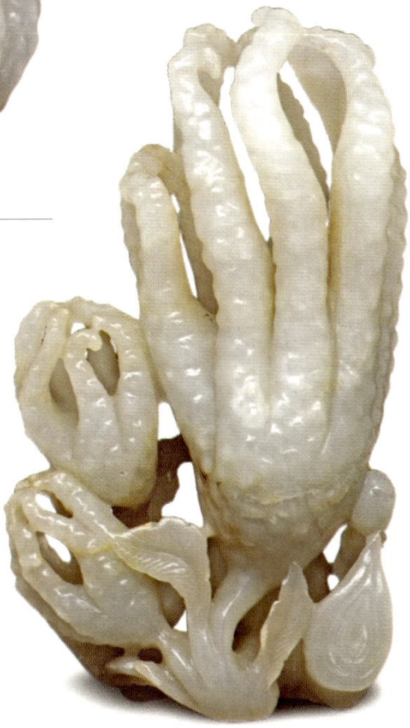

▲玉佛手

高 128 mm

# 【珠饰】

## 袖里乾坤 颈上芳华
——古代珠饰鉴赏

### 珠饰的发展及作用

珠饰历史悠久，考古学家在南非布隆波斯发现了七万五千年以前的贝珠，是迄今为止世界上最古老的有人工穿孔的珠饰。而中国境内发现最早的珠饰来自一万八千年到两万年前的山顶洞人。我国的文化传承与玉文化的发展息息相关，而在近八千年玉文化历史中，珠饰占有很大比重。由于其便于携带，加上特有的宗教、历史、文化等原因，在历经时代洗礼和打磨后,珠饰在当今社会依然绽放出夺目的光彩,受到世人青睐，成为人们喜爱的装饰品和收藏品。

我们常说的珠饰，是指经人类加工，上有穿孔可穿系以便佩戴的各种形状、材质的串饰构件，包括串珠和坠子两类。

串珠的形制多为圆形或椭圆形，也有方形、管形、不规则形以及多面体形等。而坠子是造型特殊的珠子，作为串饰下方突出装饰，一般形体较大，并且其穿系的方式或有不同。为了彰显其突出的地位，坠子一般选用不同于串珠的材质，但某些时候，串珠和坠子功能上是可以相互转换的。早期的珠子往往制成圆柱形、桶形或璧形，而无法制成圆珠形，这也反映了技术发展和材料利用程度的变化。

珠饰的制造和使用贯穿人类社会发展的始终，伴随人类审美意识和自我意识产生，其作用也经历了不断丰富和发展的过程。首先，珠饰最基本的功能是装饰，一般用于人们的头、颈、腕等突出部位。其次，珠饰有特定的含义。其一，珠饰可以作为宗教工具，如佛教中的念珠。其二，珠饰是信仰意识的反映，赋予其辟邪祈福的寓意，作为佩戴者的护符，不同的珠饰有不同的力量。其三，珠子还可作为一般等价物，即货币，如古代贝饰等。最后，珠饰还具有身份识别功能，可以用来鉴别佩带者的身份和社会经济地位，如西周出现的组佩，用玉和珠串穿系搭配来标志身份等级——“天子九，诸侯七”。

在历史长河中，珠饰只是一类小小的物件，却能折射出社会和文明发展的光辉。它所反映出来的审美意识和宗教观念，其制造工艺和生产方式及其贸易交流等，都蕴含了丰富的文化内涵。总之，珠饰的背后，蕴含着人类文明的轨迹，而源远流长的人类历史，可以用珠饰来连串。

## 珠饰的材料和种类

古代珠饰的材料广泛，大致有四类：一是有机质珠，如珊瑚、琥珀（蜜蜡）、贝壳、木头、植物种子和动物骨骼、牙制品制作的珠子；二是矿物类珠，如石头、各种半宝石和宝石制作的珠子，包括玛瑙、青金石、绿松石、煤金石、和田玉、翡翠、天河石、碧玺等；三是金属类珠，如金、银、铜等；四是人工合成材料的珠，如陶瓷、费昂斯、玻璃等。

目前，就古董珠饰收藏与市场流通的情况而言，一般分为中原文化类、藏传及喜马拉雅文化类和外国文化类珠饰三大类。

中原文化类，主要是指古代中国遗存的各类珠饰，按照玉器收藏分类，又可分为高古、中古、明清几个时期，其中高古类珠饰极受市场追捧。中原文化类高古珠饰是从战国上溯春秋、西周、商、夏及新石器时代晚期所生产的各类材质各种类型的珠饰。其中，广受收藏爱好者喜爱的有各类玛瑙珠饰、齐国水晶珠饰以及蜻蜓眼玻璃珠饰。

玛瑙珠俗称“西玛”，也就是西周玛瑙的简称，目前收藏品市场上称为“西玛”的珠饰已经是一个比较大的范围了，包括流行于西周时期作为组佩使用的各类扁圆、两头平齐的红玛瑙珠（算盘子形状）和竹节形管珠以及各种形制各类材质的珠饰，如玉和绿松石材质的束绢佩、盾形佩，以及动物题材的坠饰等。西周玛瑙与其他各类材质的玉饰或玉器无论如何搭配都和谐随意，给人以绚丽、庄重之感。

战国时期齐人制作的玛瑙与水晶珠饰，由晶莹剔透的白水晶、色彩艳丽的紫水晶和少量玛瑙组成。此类珠饰造型各样、别致俊俏、线条硬朗，表面呈现玻璃光泽。尤其是抛光、切面、打孔工艺已经相当成熟，孔径较大，孔道光亮如水，两端对钻，在珠子中间部分相贯通，整体不破坏水晶晶莹剔透的特征，制作工艺十分精湛细腻，款式冷艳迷离，为古代珠饰中的精品。

“随侯之珠”与“和氏之璧”并称为“春秋二宝”。《韩非子》中关于这两件宝物有详尽的记载：“和氏之璧，不饰以五采;隋侯之珠，不饰以银黄。其质至美，物不足以饰。”巨蟒献珠当然只是一个美丽传说，但在湖北随州曾侯乙墓中出土了战国时代的玻璃珠实物，在其表面布满圆圈纹，一般称作“蜻蜓眼”式玻璃珠，有专家认为这就是古代文献中提到的著名的“随侯珠”。

蜻蜓眼玻璃珠是中西文化交流的产物。眼睛纹样的珠饰起源于古代埃及，是眼睛文化的产物。在古代埃及，珠子更多承担的是护身符的作用，强调宗教性和装饰性，每一不同的珠饰代表不同的神祇，具有不同的法力。

而在古代中国，珠子在承担护符作用的同时，更多是身份的象征。《淮南子·览冥训》记载：“譬如隋侯之珠、和氏之璧，得之者富，失之者贫。”随着中西文化的不断交流，中原所在地的楚国人成为蜻蜓眼玻璃珠最好的传承者，他们采用自己独特的原料来制作，改西方的钠钙为铅钡作为主要原料，生产出一种似玉的混浊感玻璃，其纹饰丰富，更具有东方文化色彩，并从形状上增加了管状，在胎体、成分、工艺、装饰等方面大胆探索，制造出了神奇美丽的蜻蜓眼珠。东西方文化与技术交流在这小小的珠饰上得以完美展示。蜻蜓眼玻璃珠在楚地发扬光大、异彩纷呈，不但为中西方早期经济和文化交流提供了佐证，反映了早期中西方贸易路线的形成和发展，而且充分体现了古代中国汉文化兼收并蓄的文化特性，充分展示工匠们吸收创新的智慧，小小物件承载了恢宏的历史。

蜻蜓眼玻璃珠在我国盛行一时，秦始皇统一中国后，其制作工艺随着楚文化的消亡而消失。到了汉代，由于世人对玉的尊崇，蜻蜓眼玻璃珠迅速消亡。但是，后世人们仍能从遗存的珠饰中看到它曾经的辉煌和绚丽，以及其深厚的文化底蕴。

藏传及喜马拉雅文化类珠饰流行范围包括今天尼泊尔、不丹、巴基斯坦、阿富汗部分地区。藏族人十分喜爱装饰，藏族服饰极具民族特色。藏族从唐开始崇尚佛教，传承不断。因此与佛教相关的各类珠宝应运而生，并充当护符的作用，如“佛教七宝”的珊瑚（赤珠）、金、银、绿松石、蜜蜡、青金石、砗磲等珠饰自成体系，极具民族特色。红色珊瑚代表着太阳、光明、火焰；绿色的松石代表着天空、水、草原；黄色的蜜蜡代表土地；白色的砗磲代表白云，表示纯洁、高贵、正义。珠饰在藏民全身得到展示，其中最具个性的古代天珠在时下最受人们的珍爱。

天珠用藏区产玛瑙制作，通常为橄榄形，两头截平，或为圆形、六方形等，纹饰有圆圈纹、三角纹、四边形纹、平行竖条纹、莲花纹、虎皮斑纹、字纹、树叶纹、龟背纹等，以黑纹（或深褐）白质为大宗，但在西藏本地没有发现任何关于天珠材料、制作和来源的考证资料。因独特的文化内涵和稀缺性，天珠广受藏族人民和天珠爱好者的喜爱。

一般来说，天珠分为至纯天珠、中天珠、天珠族三大类，前二者产于西藏，后者产于尼泊尔、不丹和古印度。不同图案的珠有着不同的文化涵义。如：○、□、》、△四种图形，分别对应息业、增业、怀业、诛业。息业即息灾法，消除疾病，祛除灾害；增业即增益法，增长财富、寿命、名望、官位等；怀业为怀爱法，获得他人的敬爱；诛业即诛杀法，摧伏怨仇，诛杀魔怪。

天珠不同的图案代表不同的含义：一眼为光明之珠；二眼为缘分之珠；三眼为财富之珠；四眼为平安之珠；五眼为财寿之珠；六眼为顺利之珠；七眼为吉利之珠；八眼为机遇之珠；九眼为幸福之珠；十眼为如意之珠；十一眼为祥和之珠；十二眼为圆满之珠；十三眼为超越之珠；十四眼为福慧之珠；十五眼为事业之珠；十八眼为天上之珠；二十一眼为修炼之珠；一百零八眼为供奉之珠。虎牙为权势之珠；天地为生意之珠；日月星为绝美之珠；莲花为高贵之珠；宝瓶为舍利之珠；龟甲为长寿健康之珠；龙眼为佛眼天珠；人物纹为贤良之珠；彩虹为尊贵之珠；金刚杵为风水之珠。这些古老的图案造型，反映了古代人类的宇宙观和思维方式。

古代外国珠饰主要有滚珠印、半宝石印章珠、玻璃珠、琥珀珠、多面金珠、人面纹珠、青金石珠，以及缅甸的骠珠和邦迪克珠等，其中广为流传的是印度河谷及两河文明的蚀花珠（玛瑙和玉髓），尤其是蚀花肉红玉髓珠影响甚广。这些珠饰在学术界一般定义为“文化印记”。

早期蚀花珠分为红色表面蚀刻白色纹饰、经白化处理表面蚀刻黑色纹饰、珠体直接蚀刻黑色纹饰三种类型，装饰工艺的特殊性赋予了蚀花珠特定的文化寓意，在世界各地广为流传。

南亚缅甸等国的古珠——骠珠，近年来在市场广受藏家青睐。蚀花玛瑙是骠珠中的大类，主要分为黑白蚀花珠（黑底白花和白底黑花）、肉红蚀花珠（红底白花）和三色蚀花珠，其材质主要有玛瑙、肉红玉髓和木化石。黑白蚀花珠（圆珠）和红底白花的蚀花肉红玉髓管是骠珠的典型器，从其工艺看，似乎与喜马拉雅藏系古珠一脉相承，很有可能是蚀花玛瑙工艺沿喜马拉雅山南麓自西向东扩散的结果。邦迪克古珠也称“地珠”“木珠”，主要流传于缅甸钦邦，有圆珠、扁珠、管珠等几种几何形制，是缅甸钦邦人采用蚀花技术，用棕榈树木化石等材料制作而成，主要有黑白、棕白两色线条装饰，图案变化丰富，极具装饰效果。

珠饰与其他手工产品的最大不同是它的任意性，它不像玉器、字画等其他古代艺术品代表着特定文化背景下具体的含义。珠饰只是构件，本身不构成完整的意义。也正因如此，珠饰可以流通、迁徙，它在不同历史时期、不同场合、不同人群中作为符号出现，其意义在不同的背景下可以被重新赋予，这也是古代珠饰广泛流传、经久不衰的原因。

▲夹纻佛

高 46 mm

## ◆ 中原珠饰

▲绿松石路路通手串

单珠直径 20 mm

▲绿松石十八子手持珠

单珠直径 12 mm

▲绿松石龟背纹手串

单珠长 18 mm

▲和田玉手串

单珠直径 16 mm

▲黄玉瓜棱形手串

单珠直径 18 mm

▲和田玉绳纹十八子手持珠

单珠直径 12 mm

▲和田白玉凤鸟纹珠手串

单珠直径 20 mm

▲和田玉绳纹珠手串

单珠直径 16 mm

▲和田玉莲花珠手串

单珠直径 18 mm

▲白玉镂空雕春水珠手串

单珠直径 18 mm

▲蜜蜡珠手串
单珠直径 15 mm

▲青蛙皮玻璃珠手串
单珠直径 12 mm

▲琥珀云纹珠手串
单珠直径 18 mm

▲翳珀珠手串
单珠直径 16 mm

▲雕漆圆珠手串
单珠直径 16 mm

▲双鱼纹水晶珠手串

单珠直径 17 mm

▲红珊瑚珠手串

单珠直径 16 mm

▲玛瑙珠手串

单珠直径 15 mm

▲玛瑙竹节珠

单珠长 32 mm

▲兽骨珠手串

单珠直径 10 mm

▲玛瑙珠手串

单珠直径 14 mm

▲玛瑙镂空雕春水珠

单珠直径 20 mm

▲玛瑙春水纹桶珠手串

单珠直径 22 mm

▲沉香木雕福在眼前珠手串

单珠直径 20 mm

▲合香珠手串

单珠直径 18 mm

▲水晶六棱珠串饰

单珠长 20 mm

▲紫水晶珠串饰

总长 730 mm

▲水晶管珠配金刚杵

管长 16 mm

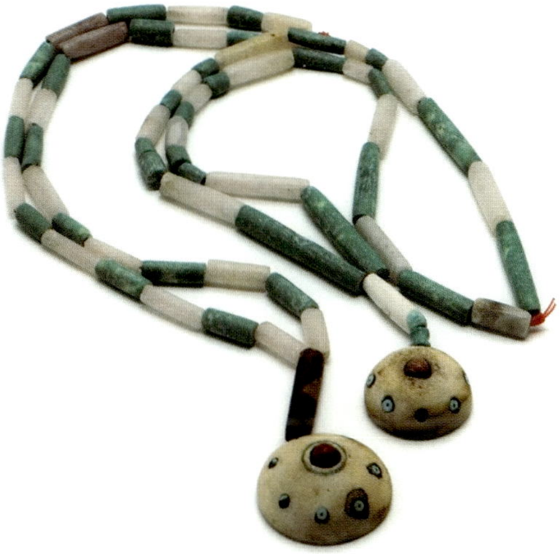

▲绿松石玛瑙管珠

尺寸不一

▲绿松石珠串

单珠直径 15 mm

▲绿松石算盘珠串

单珠直径 10 mm

▲紫玛瑙嵌银橄榄珠

单珠长 40 mm

▲玛瑙嵌银边管珠饰

单管长 24 mm

▲玛瑙管饰

单管长 15 mm

▲玛瑙珠串

单管长 10 ~ 30 mm

▲玛瑙珠饰

颗长 18 mm

▲多宝珠串

总长 600 mm

▲多宝珠串

总长 600 mm

▲多宝珠串

总长 720 mm

▲和田玉管珠

单管长 20 mm

▲玉蝉人物珠串

单珠长 17 mm

▲玉贝珠

单颗长 21 mm

▲人面玉珠饰

单颗长 27 mm

▲谷纹绿松石圆珠一对

直径 24 mm

▲龙纹玉珠一对

直径 33 mm

## ◆ 藏系珠饰

▲蚀花玛瑙天珠串

单颗长 28 ~ 43 mm

▲蚀花玛瑙五眼天珠

长 37 mm

▲蚀花玛瑙板珠

单颗长 34 mm

▲蚀花玛瑙九眼天珠

长 38 mm

▲蚀花玛瑙三眼天珠

长 31 mm

▲蚀花玛瑙一到九眼天珠

长 38 ~ 58 mm

▲蚀花玛瑙线珠

长 31 mm

▲蚀花玛瑙两眼天珠

长 41 mm

▲蚀花玛瑙双虎牙天珠

长 57 mm

▲蚀花玛瑙闪电天珠

长 33 mm

▲蚀花玛瑙寿珠

长 33 mm

▲蚀花玛瑙万字纹天珠

长 23 mm

▲蚀花玛瑙六山两佛眼天珠

长 32 mm

▲蚀花玛瑙莲花天珠

长 28 mm

▲蚀花玛瑙水纹天地珠

长 43 mm

▲蚀花玛瑙宝瓶天珠

长 30 mm

▲蚀花玛瑙白毛如意天珠

长 31 mm

▲蚀花玛瑙菩提叶天珠

长 29 mm

▲蚀花玛瑙金刚杵六眼天珠

长 31 mm

▲蚀花玛瑙人形天珠

长 26 mm

▲蚀花玛瑙双虎牙天珠

长 23 mm

▲蚀花玛瑙一线药师珠

长 9～20 mm

▲蚀花玛瑙圆珠

长 15 mm

▲蚀花玛瑙马眼板珠

直径 33 mm　直径 30 mm　直径 28 mm

▲蚀花玛瑙虎牙白天珠

长 19 mm

▲蚀花玛瑙药师珠

长 15 mm

▲天然一眼玛瑙珠

长 33 mm

▲天然眼缠丝玛瑙珠

长 21 mm

▲蚀花玛瑙飞碟珠

长 33 mm

▲天然一眼玛瑙珠

长 19 mm

▲蚀花玛瑙马眼板珠

直径 49 mm　直径 36 mm

▲蚀花玛瑙黑白线珠

长 29 ~ 57 mm

▲蚀花玛瑙线珠

长 50 ~ 58 mm

▲蚀花玛瑙珠

长 34 ~ 48 mm

▲天然缠丝玛瑙珠

长 31 ~ 56 mm

▲朱砂供星月菩提珠串

单珠直径 10 mm

▲蜜蜡珠串

重 980 g

▲镶银蜜蜡珠

长 48 mm

▲玛瑙线珠马眼板珠佩

主珠长 55 mm

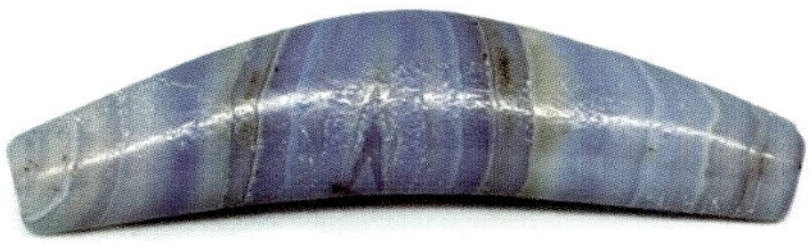

▲缠丝玛瑙牛角珠

长 76 mm

▲缠丝玛瑙牛角珠

长 100 mm

▲缠丝玛瑙牛角珠

长 59 mm

▲玛瑙八棱珠珠串

单珠长 12 mm

▲黑白珠手串

直径 18 mm

▲老糖色八棱珠手串

单珠长 12 mm

▲药师珠手串

单珠直径 16 mm

▲六字真言砗磲手串

单珠直径 18 mm

## ◆ 国外珠饰

▲煤精石印章滚珠

高 16 mm

▲玛瑙波斯文印章滚珠

高 13; mm　高 25; mm　高 10; mm

▲青金石印章滚珠

高 54 mm

▲煤精石印章珠

高 14 mm

▲玛瑙印章珠

高 20 mm

▲印章滚珠

高 33 mm

▲印章珠

高 24 mm

▲玛瑙印章滚珠

高 37 mm

▲印章滚珠

高 30 mm

▲水晶印章滚珠

高 22 mm

▲滑石印章滚珠

高 37 mm

▲印章石滚珠

高 38 mm

▲陶印章滚珠

高 33 mm

▲玻璃人形珠

长 26 mm

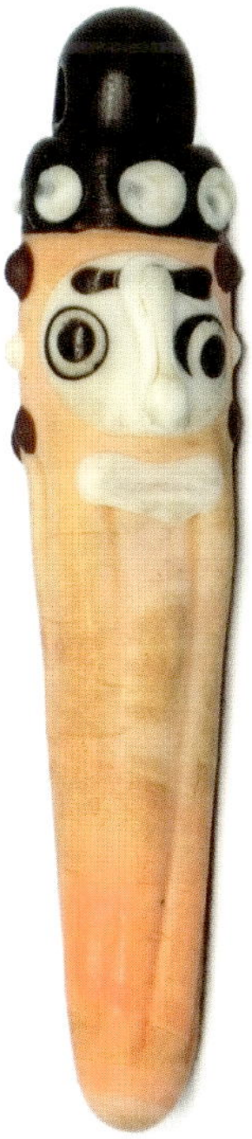

▲玻璃人面珠

长 71 mm

▲玻璃人面珠

长 46 mm

▲蜻蜓眼玻璃管珠

长 40 mm

▲蜻蜓眼玻璃牛角珠

长 52 mm

▲蜻蜓眼玻璃管珠

长 30 mm　长 59 mm　长 60 mm

▲蜻蜓眼玻璃珠

直径 14 mm

▲蜻蜓眼玻璃珠

直径 7 mm

▲蜻蜓眼玻璃珠

直径 10 mm

▲蜻蜓眼玻璃珠一对

直径 15 mm

▲蜻蜓眼玻璃圆珠

直径 23 mm　直径 18 mm

▲蜻蜓眼玻璃桶珠

直径 22 mm

▲蜻蜓眼方形玻璃珠

长 22 mm

▲蜻蜓眼玻璃圆珠

直径 23 mm

▲蜻蜓眼玻璃圆珠

直径 23 mm　直径 21 mm

▲蜻蜓眼玻璃圆珠

直径 18 mm

▲蜻蜓眼玻璃桶珠一对

长 31 mm

▲蜻蜓眼玻璃桶珠

高 26 mm

▲蜻蜓眼玻璃圆珠

直径 23 mm

▲蜻蜓眼玻璃桶珠

高 24 mm

▲蜻蜓眼玻璃方形桶珠

高 21 mm

▲蜻蜓眼玻璃橄榄珠

高 36 mm

▲蜻蜓眼玻璃飞碟珠

高 18 mm

▲蜻蜓眼玻璃瑞兽

长 28 mm　长 30 mm　长 34 mm

▲蜻蜓眼玻璃瓶珠一对

高 43 mm

▲蜻蜓眼玻璃板珠

直径 32 mm　直径 34 mm　直径 32 mm　直径 34 mm

▲蜻蜓眼玻璃簪子头

直径 17 mm

▲凸形蜻蜓眼玻璃珠

直径 23 mm

▲蜻蜓眼玻璃珠

长 23 mm

▲角锥形蜻蜓眼玻璃珠

直径 9 mm

▲玻璃蝉

长 33 mm

▲玻璃龙头珠

长 38 mm

▲玻璃蛙珠

长 38 mm

▲装金玻璃方珠

高 7 mm

▲蚀花肉红玉髓管珠

长 30 ~ 36 mm

▲蚀花肉红玉髓圆珠

直径 18 mm

▲蚀花肉红玉髓板珠

直径 14 mm

▲邦迪克珠

长 48 ~ 56 mm

▲蚀花玛瑙板珠

长 23 mm

▲蚀花肉红玉髓枣核珠

高 28 mm

# 【后记】

## 偷得浮生半日闲

就一壶南柯酒，品一弯旧时月。人生中的一次偶然，让我与过去的时光结缘，在几件小小器物中寻觅一段喑哑的过往。总以为，烟云日月，粉黛春秋，消逝的历史落笔于泛黄的书页上总会是薄凉，却不想在失落的玩物中，藏着浅浅的余温。我也曾流连于世相纷呈，惫懒于峥嵘世间，却无意间在静谧的博物馆古代器物中寻找到灵魂的共鸣。仿佛穿越数千年的时光，与前人博弈投骰、登高远游、吹箫抚琴、泛舟听雨、饮酒言欢。人生天地间，忽如远行客。这样漫无目的的探寻，却或许是漫漫余生中，最为璀璨的点缀。

古玩，明代以前称为“骨董”，世有《骨董十三说》谓：“杂古器物不类者为类，名骨董。”所谓“骨”，取肉腐而骨存之义，而“董”通“懂”，意指知道、了解，“骨董”即通晓古人所遗之精华。历经上下五千年艰辛跋涉的中国人，似乎对于有年份和历史的东西，有着特殊的情结。仿佛是前人的故事经时间的打磨与酿造，印刻在并不起眼的古玩上，散发出一种别样的芳香。在痴于此道二十多年的日子里，穿过紫陌红尘，于俗世烟火中悟一段流水清音。寄情与物，幽思缅想，那悠远的况味，那怡然的思绪，玩得其所，妙趣也在于此。或许收藏的最好状态带着悠悠禅意，是尘土也罢，落花也罢，是红萼初发落叶满阶，是大漠孤烟长河落日，是荣枯何如，是不说也罢。

几时归去，做个闲人，对一张琴，一壶酒，一溪云。收藏的雅趣，在生活的方方面面。几方砚台，几款印章，留下的，是等待揭秘的历史。无情何必生斯世，有好都能乐此身。研究和对照古物，可以了解古代的风俗、习惯、文化、伦理、宗教、工艺诸多方面。面对一件藏品就如同与前人对话，从千百年前娓娓道来，留下一段耐人寻味的故事。纸上得来终觉浅，绝知此事要躬行。它们似乎告诉我，生活在哪里都是一样，华丽，局促，繁盛，荒凉，收藏的美好，或许正是这样。窗外仍是那时明月，琵琶弦上，不知诉说着谁人的相思。

因为收藏，有了赏玩。我曾托朋友刻一对印章，聊以表达对于收藏的浅见，上书“花如解语应多事，石不能言最可人”。纵有繁花过眼，也可春日里听风于茂林，流觞曲水；夏日则静坐于绿荫，泛舟莲池；秋日里闲卧于枫林，枕梦黄花；冬日里则烹炉于闲斋，吟咏白雪。在纷纷扰扰的红尘之外与古人对谈，别有天地。那无言的藏品，仿佛活起来，虽不见车马舟楫，却听得人声喧嚣，虽不着只字片语，却读得先辈心音。摩挲之下，那温润的皮壳及包浆，质地的光泽和颜色的多彩，工艺的精巧生动，形式与意味的契合，犹如静雅之妙人与你喃喃细语，纵有辛愁劳顿，也在一瞬间消失殆尽。品读流连之间，虽不能尽解禅意，却早已物我两忘，闲适自得，胸无杂尘。万象变迁于眼前，感慨由此生，萦怀如流云。空灵非真空，内心充实，辽阔自由，栖神静乐。正如：一箪食，一瓢饮，在陋巷，人不堪其忧，回也不改其乐。或许这样的收藏不过是自娱而已。

某件古物或许来自一个在历史中不曾留下姓名的人，无言地叙说着如烟往事。但正如林天宏在《别样的展品》中所说，一个珍爱自己的民族，不应该只留下文人墨客、王侯将相的丰功伟绩，如你我一般小人物的悲欢离合，兴衰荣辱，同样是本民族宝贵的展品。

收藏之乐不仅仅在于对心爱之物的把玩，在茫茫海洋中寻找心仪之物，也是一种别致的意趣。文物是永生的，如篆刻于其上的时光，越久越经得起回味。数百上千年的器物，一件件延续着永恒的生命，有着各自的历史背景与文化归属，蕴涵着承上启下的文明与智慧。海德格尔说，人要诗意地栖居于大地上。品味过往，又何尝不是一种雅韵的体现。追忆往昔的或是峥嵘，或是寻常，却带给我们生活于当下的万千启示。工具性的物质是为了服务于本原性的思想和精神。这样琢磨起来，没有温度的古玩，往往隐藏着古人在人性深处点燃的火焰。它们默默地燃烧，燃烧，一次又一次升腾起来，成为穿越黑暗的一道亮光。

尼采说，每一个不曾起舞的日子，都是对生命的辜负。收藏，或许就是我的人生之舞。偷得浮生半日闲，悠长的收藏时光让我也领悟了许多。收藏，需要的或许是熟能生巧的眼力与一锤定音的魄力；更需要的，其实是一份闲心与闲情。收藏所求，不过是一份经年的宁静。若是在喧嚣处歌吟，歌声也将成为喧嚣的一部分。唯有耐得住寂寞，才能守得住生活的滋味。把悲怆留给历史，把神往交给未来，把返璞归真与宁心静神留在如伴随历史洪荒的现在。

到了雨打归舟的时候了，应该就是这样，所有尘封于沉寂古物（本书中所展玩的物品均为明清及民国制作或仿制）里的良辰美景，将在红尘闹市里、青山白云间被唤醒，人与物为伴，把这份缘法再谱成一段往事，成为你我眼中的似水流年。收藏，也许就是人生。

感谢家人多年来对我的这一爱好的理解支持和默默付出，感谢诸位同事、同好、藏友对本书在文字编辑和图片摄影制作，以及藏品和图片的提供等方面提供的帮助。

二〇二四年十二月于星沙三娱斋

**图书在版编目（CIP）数据**

闲事雅韵：古代书房用器清赏/莫曲波著.--长沙：湖南师范大学出版社，2024.12 -- ISBN 978-7-5648-5721-9

Ⅰ.K875.4

中国版本图书馆CIP数据核字第2024UN4557号

XIANSHI YAYUN

**闲事雅韵**

——古代书房用器清赏

莫曲波　著

出 版 人｜吴真文
策划组稿｜徐江涛
责任编辑｜孙雪姣　周基东
责任校对｜吕超颖
书籍设计｜书亦有道
版式制作｜书亦有道·吴媛婧
摄　　影｜黄　林

出版发行｜湖南师范大学出版社
地址：长沙市岳麓区　邮编：410081
电话：0731-88853867　88872751
传真：0731-88872636
网址：https://press.hunnu.edu.cn/
经　　销｜湖南省新华书店
印　　刷｜长沙雅佳印刷有限公司

开　　本｜185 mm×260 mm　1/16
印　　张｜15
字　　数｜400千字
版　　次｜2024年12月第1版
印　　次｜2024年12月第1次印刷
书　　号｜ISBN 978-7-5648-5721-9
定　　价｜360.00元

闲事雅韵